Leben.Lieben.Arbeiten **SYSTEMISCH BERATEN**

Herausgegeben von
Jochen Schweitzer und
Arist von Schlippe

Iris Söhngen / Vera Zech / Marion Drach

Herausforderung Pflegefamilie

Wie das Leben als öffentliche Familie gelingen kann

Mit 3 Abbildungen

Vandenhoeck & Ruprecht

Bibliografische Information der Deutschen Nationalbibliothek:
Die Deutsche Nationalbibliothek verzeichnet diese Publikation in der
Deutschen Nationalbibliografie; detaillierte bibliografische Daten sind
im Internet über https://dnb.de abrufbar.

© 2020, Vandenhoeck & Ruprecht GmbH & Co. KG,
Theaterstraße 13, D-37073 Göttingen
Alle Rechte vorbehalten. Das Werk und seine Teile sind urheberrechtlich
geschützt. Jede Verwertung in anderen als den gesetzlich zugelassenen Fällen
bedarf der vorherigen schriftlichen Einwilligung des Verlages.

Umschlagabbildung: Romas_Photo: Clothes on the line along windows/
Shutterstock.com

Satz: SchwabScantechnik, Göttingen
Druck und Bindung: ⊕ Hubert & Co. BuchPartner, Göttingen
Printed in the EU

Vandenhoeck & Ruprecht Verlage | www.vandenhoeck-ruprecht-verlage.com

ISSN 2625-6088
ISBN 978-3-525-40743-1

Inhalt

Zu dieser Buchreihe 7
Vorwort von Jochen Schweitzer 9
Vorbemerkung der Autorinnen 12

I Der Kontext
1 Pflegekinder und ihre Vorgeschichte 16
   1.1 Wenn Eltern nicht für ihre Kinder sorgen können 16
   1.2 Pflegekinder und ihr sozial-emotionaler Rucksack 21
2 Herausforderung Pflegefamilie 23
   2.1 Pflegefamilien als öffentliche Familien 23
   2.2 Anforderungsprofil Pflegeeltern 25
3 Rechtliche Grundlagen und Rahmenbedingungen 26

II Die systemische Beratung
4 Bewerbungsprozess – gut beraten für eine grundlegende Entscheidung 32
   4.1 Erstgespräch – Einblicke in eine mögliche Zukunft 32
   4.2 Lebensberichte und Genogrammarbeit – mit der Ressourcenbrille auf die eigene Biografie blicken 39
5 Matching und Anbahnung – vom Suchen und Finden der passenden Pflegeeltern 41
   5.1 Entscheidungsprozess im Team 41
   5.2 Entscheidungsprozess der Pflegeeltern 44
      5.2.1 Anfrage – Pflegefamilie für Paul gesucht 44
      5.2.2 Der Einwegscheiben-Termin – schrittweise Annäherung 47
      5.2.3 Erstes Treffen – Begegnung wagen 50
   5.3 Anbahnung und Ankommen in der Pflegefamilie – die gemeinsame Reise beginnt 53

6 Besuchskontakte – mit den Wurzeln in Verbindung bleiben ... 56
   6.1 Häufigkeit von Besuchskontakten – zwischen Elternrecht und Kindeswohl ... 57
   6.2 Begegnungen gestalten – wie Besuchskontakte gelingen können ... 59
      6.2.1 Begegnungsräume ... 59
      6.2.2 Vorbesprechung ... 59
      6.2.3 Begleitung ... 62
7 Fallgeschichten – mögliche Stationen im Leben von Pflegefamilien ... 63
   7.1 Gloria ... 63
      7.1.1 Auseinandersetzung mit einem psychisch kranken Elternteil ... 64
      7.1.2 Immer wieder auf dem Prüfstand – häufige Gerichtsverfahren ... 66
   7.2 Marius ... 68
      7.2.1 Besuchskontakte – Wiedererleben von Vernachlässigung ... 68
      7.2.2 Schule – eine systematische Überforderung ... 70
      7.2.3 Auf dem Weg zum eigenen Ich – Herausforderung Pubertät ... 72
8 Wenn Pflegeverhältnisse enden 76
   8.1 Erwachsen werden in der Pflegefamilie – Übergänge vorbereiten und begleiten ... 77
   8.2 Vorzeitiges Ende – wenn die Dauerperspektive nicht mehr trägt ... 80
   8.3 Care Leaver – vom Leben nach der Jugendhilfe ... 82
9 Ausblick ... 83

III Am Ende
Literatur ... 88
Die Autorinnen ... 91

Zu dieser Buchreihe

Die Reihe »Leben. Lieben. Arbeiten: systemisch beraten« befasst sich mit Herausforderungen menschlicher Existenz und deren Bewältigung. In ihr geht es um Themen, an denen Menschen wachsen oder zerbrechen, zueinanderfinden oder sich entzweien und bei denen Menschen sich gegenseitig unterstützen oder einander das Leben schwermachen können. Manche dieser Herausforderungen (Leben.) haben mit unserer biologischen Existenz, unserem gelebten Leben zu tun, mit Geburt und Tod, Krankheit und Gesundheit, Schicksal und Lebensführung. Andere (Lieben.) betreffen unsere intimen Beziehungen, deren Anfang und deren Ende, Liebe und Hass, Fürsorge und Vernachlässigung, Bindung und Freiheit. Wiederum andere Herausforderungen (Arbeiten.) behandeln planvolle Tätigkeiten, zumeist in Organisationen, wo es um Erwerbsarbeit und ehrenamtliche Arbeit geht, um Struktur und Chaos, um Aufstieg und Abstieg, um Freud und Leid menschlicher Zusammenarbeit in ihren vielen Facetten.

Die Bände dieser Reihe beleuchten anschaulich und kompakt derartige ausgewählte Kontexte, in denen systemische Praxis hilfreich ist. Sie richten sich an Personen, die in ihrer Beratungstätigkeit mit jeweils spezifischen Herausforderungen konfrontiert sind, können aber auch für Betroffene hilfreich sein. Sie bieten Mittel zum Verständnis von Kontexten und geben Werkzeuge zu deren Bearbeitung an die Hand. Sie sind knapp, klar und gut verständlich geschrieben, allgemeine Überlegungen werden mit konkreten Fallbeispielen veranschaulicht und mögliche Wege »vom Problem zu Lösungen« werden skizziert. Auf unter 100 Buchseiten, mit etwas Glück an einem langen Abend oder einem kurzen Wochenende zu lesen, bieten sie zu dem jeweiligen lebensweltlichen Thema einen schnellen Überblick.

Die Buchreihe schließt an unsere Lehrbücher der systemischen Therapie und Beratung an. Unsere Bücher zum systemischen Grundlagenwissen (1996/2012) und zum störungsspezifischen Wissen (2006) fanden und finden weiterhin einen großen Leserkreis. Die aktuelle Reihe erkundet nun das kontextspezifische Wissen der systemischen Beratung. Es passt zu der unendlichen Vielfalt möglicher Kontexte, in denen sich »Leben. Lieben. Arbeiten« vollzieht, dass hier praxisbezogene kritische Analysen gesellschaftlicher Rahmenbedingungen ebenso willkommen sind wie Anregungen für individuelle und für kollektive Lösungswege. Um klinisch relevante Störungen, um systemische Theoriekonzepte und um spezifische beraterische Techniken geht es in diesen Bänden (nur) insoweit, als sie zum Verständnis und zur Bearbeitung der jeweiligen Herausforderungen bedeutsam sind.

Wir laden Sie als Leserin und Leser ein, uns bei diesen Exkursionen zu begleiten.

Jochen Schweitzer und Arist von Schlippe

Vorwort

Rollen in sozialen Systemen sind unterschiedlich attraktiv und unterschiedlich eindeutig definiert. Zu den traditionell als attraktiv und eindeutig geltenden Rollen gehören »Mutter« und »Vater« und als deren Hintergrundfiguren »Großmutter« und »Großvater«. Diese Rollen verbinden die biologische Abstammung mit der sozialen Aufgabe, sind in allen Kulturen ganz überwiegend positiv besetzt und man meint zu wissen, welche Rollenerwartungen mit ihnen verbunden sind und was die Betreffenden möglichst nicht oder auf gar keinen Fall tun dürfen. Die realen Eltern werden diesen Erwartungen nicht immer gerecht. Schlechte Beispiele werden dann als Rabeneltern, Helikoptereltern, im Extremfall als »Monstereltern« bezeichnet.

Nun gibt es daneben in allen Kulturen viele »Bindestrich-Mütter« und »Bindestrich-Väter«. Deren Gemeinsamkeit ist, dass sie nicht oder nicht ganz oder nicht ganz richtig die biologischen Mütter und Väter sind. Jene mögen unbekannt oder bekannt, verstorben, weit weg, im Kontakt mit ihrem Kind oder noch nie gesehen worden sein. Aber es gab sie mal oder gibt sie noch und zumindest als Fantasieprodukte sind sie nie ganz aus dem Spiel. Zu den seit Menschenbeginn bekannten gehören die Stief-, die Adoptiv- und auch die Pflegemütter und -väter, um die es in diesem Buch geht. Zu den biologisch neueren gehören die Leihmütter und die »Samenspende-Väter«. In betrieblichen und politischen Hierarchien gibt es

Ziehsöhne und Ziehtöchter, zu denen es auch Ziehmütter und Ziehväter geben muss. Im Bereich reiner Herzensbeziehungen treffen wir Wahlmütter und Wahlväter.

Eine Besonderheit der Rolle der Pflegemutter und des Pflegevaters ist, dass sie Hybride darstellen zwischen familiären und beruflichen Rollen – ein Extrembeispiel von »Beziehungsarbeit«. Sie bilden mit ihren Pflegekindern – anders als Adoptiveltern – juristisch keine Familien im Sinne des Bürgerlichen Gesetzbuches. Sie arbeiten gegen Bezahlung für die öffentliche Hand, vertreten durch ein Jugendamt. Sie sollen den ihnen anvertrauten Kindern das Leben und Aufwachsen in einer Familie ermöglichen und gleichzeitig die Herkunftsfamilie als untrennbaren Teil dieser Kinder annehmen und respektieren. Als bezahlten Arbeitskräften in einem sensiblen Risikobereich unterliegt ihre Arbeit außerdem zahlreichen Qualitätsanforderungen, deren Einhaltung vom Jugendamt zu überwachen ist.

Keine leichte Aufgabe für Pflegefamilien! Ich habe großen Respekt vor den vielen Pflegeeltern, die sich dieser Aufgabe stellen. Sehr oft, aber nicht immer tun sie es mit lange anhaltendem Erfolg, wie die Leser und Leserinnen gegen Ende dieses Buches erfahren werden. Und ich habe entsprechend großen Respekt vor den Mitarbeiterinnen der kommunalen Jugendämter, die durch Auswahl und Begleitung Pflegefamilien auf diesem Weg unterstützen.

Zu diesen gehören auch die Autorinnen Iris Söhngen, Marion Drach und Vera Zech, die alle drei mit Pflegefamilien arbeiten. Sie geben uns Einblick in ihre Beratungstätigkeit: Vom anfänglichen Bewerbungsprozess, der Auswahl und dem Matching passender Pflegeeltern, über Besuchskontakte mit den leiblichen Eltern sowie das Überwinden typischer Hindernisse und Konflikte bis schließlich zum Ende des Pflegeverhältnisses. Der komplette Prozess mit all seinen Höhen und Tiefen, seinen Rosen und seinen Dornen erschließt sich anschaulich und mühelos.

Ich wünsche allen Pflegeeltern und solchen, die es vielleicht noch werden wollen; ich wünsche allen ehemaligen Pflegekindern, die sich mit ihrer Geschichte nochmal beschäftigen wollen; ich wünsche allen kommunalen Mitarbeiterinnen im Pflegedienst und solchen, die es vielleicht noch werden wollen, interessante und gewinnbringende Eindrücke und Einsichten aus diesem Buch.

Jochen Schweitzer

Vorbemerkung der Autorinnen

Alle Menschen haben Träume und Erwartungen an die eigene Lebensreise. Gerade das Leben als Familie ist mit vielen Hoffnungen und Wünschen verknüpft. Emily Perl Kingsley (Mutter eines Kindes mit Down-Syndrom) wurde immer wieder gefragt, wie es sei, mit einem besonderen Kind zu leben. In ihrer Geschichte »Willkommen in Holland« vergleicht sie die Zeit der Schwangerschaft mit der freudigen Vorbereitung einer wunderbaren Italienreise. Sie steigt aufgeregt ins Flugzeug nach Italien – und landet in Holland. Und dann ist alles anders, als sie erwartet hat. Die Landschaft, die Menschen, die Sprache. Sie wird immer umgeben sein von Italienreisenden und wird doch wissen, dass sich dieser Traum für sie nicht erfüllt hat. Und ihr ist klar, dass sie die Schönheiten Hollands nur dann erkennen kann, wenn sie sich darauf einlässt (1987).

Wenn Menschen sich entscheiden, ein Pflegekind aufzunehmen, begeben sie sich auch auf eine besondere Reise. Eine Reise, die nicht vergleichbar ist mit »Italien«, die andere Vorbereitungen erfordert und andere Herausforderungen birgt. Sie werden auf dieser Reise immer wieder den leiblichen Eltern ihres Pflegekindes begegnen und manchmal schwer tragen an dem sozial-emotionalen Rucksack, den ihr Pflegekind mit sich bringt. Und sie werden gleichzeitig Erfahrungen machen und Ausblicke genießen, die ihr Leben sehr bereichern werden. Wir begleiten in unserem beruflichen Alltag Menschen, die sich für die »Abenteuerreise Pflegefamilie« interessieren oder diese

Reise bereits angetreten haben. Wir unterstützen Sie bei der Entscheidungsfindung, helfen bei den Reisevorbereitungen und sind als Reiseleiter an Ihrer Seite. Mit diesem kleinen Buch gewähren wir einen kleinen Einblick in unser Arbeitsfeld. Dabei mussten wir großen Mut zur Lücke beweisen und verweisen für ausführlichere Informationen gerne auf die Literaturliste.

Die Fallbeispiele sind zum Schutz der persönlichen Daten stark verfremdet oder in Anlehnung an vergangene Fallgeschichten konstruiert. Die Namen wurden geändert.

Der Kontext

1 Pflegekinder und ihre Vorgeschichte

1.1 Wenn Eltern nicht für ihre Kinder sorgen können

Unsere Gesellschaft sieht grundsätzlich vor, dass Kinder in ihrer eigenen, leiblichen Familie aufwachsen. Für manche Familien gestaltet sich der Alltag aber schwieriger als erwartet. Vielfältige Belastungen wie Suchtmittelabhängigkeit, psychische Erkrankungen, Erfahrungen von Gewalt oder Vernachlässigung in der eigenen Kindheit, soziale Isolation, Krisen und Gewalt in der Paarbeziehung, unzureichende Wohnverhältnisse oder sehr junge Elternschaft können die Erziehungsfähigkeit von Eltern deutlich einschränken.

Frau Senn ist in schwierigen Verhältnissen aufgewachsen. Ihr Vater ist psychisch krank, ihre Mutter drogenabhängig. Das Jugendamt wird erst spät auf die Familie aufmerksam und vermittelt Frau Senn mit sieben Jahren erstmals in eine Pflegefamilie. Zu diesem Zeitpunkt hat Frau Senn immer wieder erfahren, dass sie sich nicht auf andere verlassen kann, dass Zuwendung und Liebe willkürlich sind und es besser ist, Gefühle nicht zuzulassen. Das Pflegeverhältnis scheitert und Frau Senn wechselt in verschiedene stationäre Einrichtungen. Mit zwölf Jahren beginnt sie selbst, regelmäßig Drogen zu konsumieren, mit 15 Jahren wird sie zum ersten Mal schwanger. Sie freut sich auf das Kind und nimmt Hilfe in einer Mutter-Kind-Einrichtung an. Nach der Geburt genießt sie die Nähe zu ihrem Baby, kommt aber im Alltag immer wieder an ihre Grenzen. Sie fühlt sich mit der ständigen Fürsorge für Pablo überfordert, schreit ihn unvermittelt an, hört nachts sein Weinen nicht und konsumiert wieder vermehrt Drogen. Sie nimmt die Unterstützung der Fachkräfte immer weniger an und lässt Pablo unbeaufsichtigt in der Einrichtung zurück, um sich mit Freunden zu treffen. Nach vielen Gesprächen stimmt sie nach fünf Monaten einer Unterbringung Pablos in einer Pflegefamilie zu.

Darüber hinaus gibt es Kinder, die von Geburt an einen besonderen Bedarf an Aufmerksamkeit und Fürsorge mitbringen und deshalb als besonders anstrengend erlebt werden (z. B. sogenannte Schreibabys, kranke Kinder, Frühchen).

Familie Till freut sich auf ihr drittes Kind. Sara kommt für alle unerwartet mit einer Behinderung zur Welt. Sara muss engmaschig überwacht werden, es stehen mehrere Operationen an und sie wird immer auf intensive medizinische Unterstützung angewiesen sein. Das bisher stabile Familiensystem gerät völlig aus den Fugen. Die Eltern können die offensichtliche Behinderung ihrer Tochter nur schwer akzeptieren. Sie fühlen sich von den besonderen Fürsorgepflichten überfordert, leben in der ständigen Angst, etwas falsch zu machen. Trotz intensiver Unterstützung droht die Familie an der allgemeinen Belastung zu zerbrechen. Die Eltern haben kaum noch Energie, um sich angemessen um die gesunden Geschwister zu kümmern, die Paarbeziehung wird in Frage gestellt. In einem langen Beratungsprozess entscheiden sich die Eltern schließlich, Sara in eine Pflegefamilie zu geben. Sie haben in größeren Abständen Kontakt zu ihrer Tochter und ihr Alltag mit den älteren Kindern hat sich wieder stabilisiert.

Wenn es in solchen Zusammenhängen zu Vernachlässigung oder zu körperlicher oder seelischer Misshandlung kommt, ist das in der Regel Ausdruck extremer Hilflosigkeit und Überforderung. Viele Eltern schaffen es nicht, sich rechtzeitig Hilfe zu holen, sei es aus Sorge vor Einmischung und Bevormundung oder weil sie die Not der Kinder nicht erkennen können. Sie sind zu sehr mit den eigenen Sorgen und Belastungen beschäftigt. Viele Eltern haben bereits selbst Misshandlung oder Vernachlässigung erlebt und hatten keine Gelegenheit, andere Lebens- und Erziehungsstrategien zu erlernen.

Familien in Not werden – sofern keine akute Gefährdung der Kinder vorliegt – grundsätzlich familienunterstützende Hilfen angeboten. Professionelle Helfer versuchen dann, die Eltern darin zu stärken, sich angemessen um ihre Kinder zu kümmern. Erst, wenn solche Hilfen erfolglos bleiben, es weiter zu Vernachlässigung oder Misshandlung kommt, werden eine Herausnahme des Kindes und eine Fremdunterbringung in Betracht gezogen.

Die Trennung des Kindes von den leiblichen Eltern und das Ankommen in einer Pflegefamilie sind für alle Beteiligten eine große Herausforderung. Jede Geschichte ist einzigartig und fordert ein individuell abgestimmtes Vorgehen und eine wertschätzende professionelle Begleitung und Beratung. Wertschätzung im Umgang mit den leiblichen Eltern und ihrer eigenen oft belasteten Biografie, das Anerkennen ihrer Bemühungen, das Sehen ihrer eigenen Belastungen sind wesentliche Faktoren, um mit Eltern auch in schwierigen Phasen zusammenzuarbeiten. Wenn Eltern das Gefühl haben, gesehen und geschätzt zu werden, können sie sich eher auf andere Sichtweisen einlassen, können eher erkennen, dass sie den Bedürfnissen des Kindes nach Zuwendung, Förderung etc. nicht gerecht werden. Sie müssen dann darin bestärkt werden, dass sie auch als »Besuchsmama« oder »Besuchspapa« gute Eltern sein können. Im Rahmen eines solchen Klimas kann es leiblichen Eltern gelingen, der Fremdunterbringung ihres Kindes zuzustimmen. Sie stellen dann einen Antrag auf Hilfe zur Erziehung in einer Pflegefamilie (§ 33 SGB VIII) und geben die Alltagssorge bewusst ab. Mit dieser Entscheidung ist oft auch die Erlaubnis an die Kinder verbunden, in der neuen Familie ankommen zu dürfen, Bindungen einzugehen und dort ein neues zu Hause zu finden. Über regelmäßige Besuchskontakte zeigen sie ihren Kindern weiterhin, dass sie an ihrem Leben teilhaben möchten, sie lieb haben und die gemeinsame Zeit genießen.

Doch für viele Kinder geht der Start in das Leben als Pflegekind nicht mit solchen positiven Grundvoraussetzungen einher. Häufig können oder wollen Eltern nicht erkennen, dass sie den existentiellen Grundbedürfnissen der eigenen Kinder nicht gerecht werden können. Wenn die Unterbringung von Kindern in einer Pflegefamilie gegen den Willen der Eltern erfolgt, ist dies im Rahmen einer vorläufigen Schutzmaßnahme (Inobhutnahme nach § 42 SGB VIII) oder durch einen Eingriff in die elterliche Sorge möglich. Hierfür ist eine Entscheidung des Familiengerichts zwingend erforderlich. Damit das Familiengericht eine fundierte Entscheidung treffen kann, sind fachliche Stellungnahmen (des Jugendamtes, von Schulen, Kindergärten, behandelnden Ärzten, Therapeutinnen) oder auch psychologische sowie psychiatrische Gutachten zur Erziehungsfähigkeit der Eltern oder zu Entwicklungsbeeinträchtigungen der Kinder erforderlich.

Kinder leben dann oft über einen längeren Zeitraum in einer Bereitschaftspflegefamilie und haben ein- bis zweimal pro Woche Kontakt zu ihren Eltern. Einerseits sind diese Besuchskontakte für Eltern und Kinder dringend erforderlich, um einen Bindungsabbruch zu vermeiden und so eine mögliche Rückführung zu erleichtern. Andererseits sind sie emotional extrem belastend. Bei den Eltern sind neben dem Trennungsschmerz oft Gefühle wie Wut und Ohnmacht im Spiel. Die Kinder schwanken zwischen unbedingter Loyalität zu den Eltern und dem Bedürfnis nach zuverlässigem Schutz und Zuwendung, welches möglicherweise erstmals im Rahmen der Bereitschaftspflege erfüllt wird.

Wenn in solchen Fällen nach langen Gerichtsverfahren entschieden wird, dass aktuell eine Rückkehr der Kinder zu den leiblichen Eltern nicht möglich ist, stellt sich für das weitere Vorgehen die Frage der Perspektivklärung: Ist eine Rückkehr des Kindes in die Herkunftsfamilie in einem für das Kind vertretbaren Zeitraum möglich?

Wir bewegen uns hier im Spannungsfeld zwischen Elternrecht und Kindeswohl. Die aufgeworfenen Fragen werden in der Fachwelt kontrovers diskutiert. In den letzten Jahren finden Ergebnisse aus der Bindungsforschung zunehmend Eingang in diese fachliche Diskussion. Es ist unbestritten, dass Kinder auf verlässliche Bindungspersonen angewiesen sind, um ihre Entwicklungsaufgaben bewältigen zu können. Kinder, die nach Vernachlässigung oder Misshandlung von ihren leiblichen Eltern getrennt werden, haben bis zur Fremdunterbringung oft keine sicheren, haltgebenden Bindungen aufbauen können und werden durch die Trennung zusätzlich massiv belastet. In Pflegefamilien erhalten diese Kinder ein kontinuierliches Bindungs- und Beziehungsangebot. Oft brauchen sie lange, um Vertrauen zu fassen und sich auf die Pflegeeltern einzulassen. Vielen gelingt dies nur, wenn sie spüren, dass sie in dieser Familie einen dauerhaften Platz gefunden haben, dass sie bleiben dürfen und ihr Lebensmittelpunkt nicht immer wieder neu zur Diskussion gestellt wird. Je jünger die Kinder zum Zeitpunkt der Fremdunterbringung sind, desto kürzer ist der für sie vertretbare Zeitraum mit ungeklärter Perspektive. Davon unabhängig muss die Möglichkeit einer Rückführung in die Herkunftsfamilie immer im Einzelfall geprüft werden. Sie bedeutet u. U. eine erneute Verunsicherung, den Abbruch neu entstehender oder gerade entstandener exklusiver Bindungen und ist nur zu verantworten, wenn eine hohe Wahrscheinlichkeit besteht, dass die leiblichen Eltern ihrem Erziehungsauftrag dauerhaft gerecht werden können und sie stark genug sind, die Trauer der Kinder über den Verlust der Pflegefamilie auszuhalten und aufzufangen.

Wenn die Veränderungsmöglichkeiten und die Belastbarkeit der leiblichen Eltern nicht ausreichen, ist es in der Zusammenarbeit mit diesen von großer Bedeutung, wertschätzend und behutsam auf die

Akzeptanz der Hilfe hinzuarbeiten. Gelingt es den leiblichen Eltern, ihrem Kind die Erlaubnis zu geben, in der Pflegefamilie aufzuwachsen, legen sie damit einen wichtigen Grundstein für die weitere Entwicklung ihres Kindes.

1.2 Pflegekinder und ihr sozial-emotionaler Rucksack

Ein Kind mit einer solchen Vorgeschichte aufzunehmen, bedeutet immer eine große Herausforderung. Niemand weiß, wo genau die gemeinsame Reise hingeht. Pflegekinder tragen schwer an ihrem sozial-emotionalen Rucksack. Neben den allgemeinen Entwicklungsaufgaben, die alle Kinder altersentsprechend zu durchlaufen haben, stehen Pflegekinder ihr Leben lang vor sogenannten Bewältigungsaufgaben, die ihre Biografie als Pflegekind mit sich bringt. Diese sind nach Cordula Meyer-Erben (2013)
- Bewältigung der Belastungen aus der Zeit mit der Herkunftsfamilie, die durch Gewalt oder Vernachlässigung entstanden sind, Bewältigung des Fehlens sicherer Bindungen
- Bewältigung der vielen Lebensstationen
- Bewältigung der Belastung durch den Übergang zur Pflegefamilie (Verlusterfahrungen, Neuorientierung und Gewöhnung an die neuen Familienstrukturen, Überwindung von Fremdheit und emotionales Zusammenwachsen)
- Bewältigung der unterschiedlichen Familienkulturen
- Umgang mit den Erwartungen der Pflegefamilie
- Aufwachsen mit zwei Elternpaaren, Entwicklung von neuer Normalität
- Bewältigung von Unsicherheit bzw. weiterer Übergänge: z. B. Rückkehr in eine veränderte Familie, Wechsel von Pflegfamilien oder Fremdunterbringungen, frühe Verselbstständigung.

Ursächlich für diese nachhaltigen Beeinträchtigungen von Pflegekindern ist neben der Erfahrung von (mittelbarer) Gewalt und Vernachlässigung häufig eine gestörte Bindungsentwicklung. Kinder sind von Geburt an auf Bindungspersonen angewiesen, die unmittelbar und adäquat auf die kindlichen Bedürfnisse reagieren. Statt sicherer und haltgebender Fürsorge waren Pflegekinder in der Vergangenheit häufig mit Willkür und mangelnder Vorhersehbarkeit konfrontiert.

Im Alltag können Pflegekinder deshalb eine Fülle besonderer Verhaltensweisen zeigen. Viele haben ein starkes Bedürfnis nach permanenter Zuwendung, haben den Wunsch bzw. den Drang, ständig im Mittelpunkt zu stehen und können Aufmerksamkeit von Bezugspersonen nicht teilen. Andere zeigen regressives Verhalten (z. B. einnässen, einkoten, schnelle Überforderung, geringer eigener Antrieb, Streben nach unmittelbarer Bedürfnisbefriedigung, geringe Eigensteuerung, Maßlosigkeit) oder können eigene Gefühle nur eingeschränkt wahrnehmen. Im Umgang mit (wertvollen) Gegenständen spiegelt sich bei Pflegekindern oftmals die eigene Erfahrung von Missachtung und Vernachlässigung wider: Dinge gehen verloren, werden verschenkt oder zerstört. Aus Mangel an Vorbildern und Orientierung können viele vernachlässigte Kinder kein adäquates Wertesystem entwickeln. Um das Einhalten von Regeln zu erlernen und ein Gespür für Werte zu entwickeln, sind sie oft sehr lange auf konsequente und liebevolle Regulation von außen angewiesen. Die Fähigkeit, sich selbst zu steuern, ist bei Pflegekindern daher häufig an die Anwesenheit einer engen Bezugsperson geknüpft. Fehlendes Unrechtsbewusstsein und mangelnde Gewissensbildung sind regelmäßig auftretende Begleiterscheinungen. Darüber hinaus haben viele traumatisierte Kinder gelernt, unangenehme, bedrohliche Dinge auszublenden. Sie haben in Momenten, in denen diese frühen Erfahrungen getriggert werden, keinen Zugang zu »Fakten« und leugnen bzw. lügen zum Beispiel unter diesem Druck ohne Schuldbewusstsein. Bezeichnend ist auch die ausgeprägte Empfindlichkeit gegenüber Kritik. Selbst die kleinste Kritik kann Pflegekinder in tiefe Verzweiflung stürzen. Sie fühlen sich abgelehnt, verlassen und wertlos. Grundsätzlich ist bei Pflegekindern damit zu rechnen, dass diese ein tiefes Misstrauen in menschliche Bindungen mitbringen. Die ungewohnte Zuverlässigkeit in der Zuwendung durch die Pflegefamilie erscheint solchen Kindern suspekt. Aus Angst vor erneuter Verletzung gelingt es ihnen lange nicht, sich auf dieses neue Beziehungsangebot einzulassen. Stattdessen versuchen sie – gewissermaßen zur Bestätigung ihres bisherigen Lebenskonzepts – immer wieder Ablehnung und Zurückweisung zu provozieren. Diese Verhaltensmuster werden erst vor dem Hintergrund ihrer individuellen Lebensgeschichte verständlich.

2 Herausforderung Pflegefamilie

2.1 Pflegefamilien als öffentliche Familien

Das Leben in Familien ist grundsätzlich geprägt von Intimität und der Möglichkeit, sich nach außen abzugrenzen. Familie bietet einen Rückzugsort und einen Schutzraum, in dem allein die Familienmitglieder entscheiden, wie viel von diesem Leben nach außen dringt und dadurch für andere sichtbar wird.

Mit der Aufnahme eines Pflegekindes wird dieses schutzwürdige Familiensystem zum Hilfesystem und ist damit zumindest partiell der Öffentlichkeit und Einmischung von außen preisgegeben. Die leiblichen Eltern wünschen sich intensiven Kontakt und ausführliche Informationen aus dem Familienalltag, der Vormund bzw. Ergänzungspfleger kommt regelmäßig zu Besuch, die Mitarbeiterin im Pflegekinderdienst begleitet die Besuchskontakte mit den leiblichen

Eltern, führt regelmäßig Hilfeplangespräche mit allen Beteiligten, besucht die Pflegefamilie zu Hause und hält Kontakt zum Pflegekind. Und schließlich benötigen auch Gutachter oder Verfahrensbeistände bei laufenden familiengerichtlichen Verfahren einen Einblick in den familiären Alltag und die innerfamiliären Beziehungen, um ihren Auftrag erfüllen zu können.

Unter den Augen dieser Öffentlichkeit muss sich eine Familie nach der Aufnahme eines Pflegekindes neu sortieren. Das neue Familienmitglied sorgt für Unruhe und Bewegung im System – wie auch die Geburt eines Kindes. Es benötigt Schutz und Zuwendung, um anzukommen und sich ganz allmählich auf sein neues Umfeld einlassen zu können. Zwischen dem Wunsch helfen zu wollen, den institutionellen Anforderungen und den eigenen Bedürfnissen, ist es für Pflegefamilien eine große Herausforderung, neu zusammen zu finden. Ein Zusammenleben, das Raum lässt für die Beziehungs- und Erziehungsarbeit im Alltag, für unbeschwertes Zusammensein als Familie, für das Aushalten mannigfaltiger Belastungen des Pflegekindes und für die eigene Psychohygiene. Die Beratung durch den Pflegekinderdienst kann hier ein wichtiger Faktor sein, um Pflegefamilien in dieser Phase zu unterstützen.

Aufgabe der professionellen Helfer ist es, in diesem Kontext für ein Klima zu sorgen, das von Vertrauen und Transparenz geprägt ist, Sorgen und Ängste zulässt, immer wertschätzend bleibt, die Privatsphäre respektiert und gemeinsam mit der Familie nach Lösungen und nächsten Schritten sucht, statt vorgefertigte Lösungen oder Ratschläge überzustülpen.

Die Grundlage für eine solche Zusammenarbeit kann bereits im Bewerbungsprozess geschaffen werden.

2.2 Anforderungsprofil Pflegeeltern

Damit erlittenes Leid bearbeitet und überwunden werden kann, sind Pflegekinder auf besonders starke, belastbare Bezugspersonen angewiesen. Pflegeeltern sollten also grundsätzlich emotional ausgeglichen sein und Freude an Beziehung und Erziehung haben. Sie sollten auch schwierige Verhaltensweisen ihres Pflegekindes wohlwollend beobachten können, verschiedene Erklärungsmöglichkeiten zulassen und dabei bereit sein, das eigene Denken und Handeln zu hinterfragen. Die Bereitschaft, Krisen auch als Entwicklungschancen zu sehen und Konflikte aktiv anzugehen, sind weitere hilfreiche Grundhaltungen bei Pflegeeltern. Darüber hinaus ist es wichtig, Ablehnung aushalten zu können und unabhängig zu sein von der gezeigten oder nicht gezeigten Zuneigung des Kindes. Und letztlich ist es unabdingbar, auch die Bedürfnisse und Bewältigungsaufgaben der in der Pflegefamilie lebenden leiblichen Kinder im Blick zu behalten.

Dabei suchen wir nicht nach den perfekten Eltern, sondern nach Menschen, die mit beiden Beinen fest im Leben stehen und ihre Energie und Lebensfreude gerne mit anderen teilen möchten. Ein stabiles soziales Umfeld, eigene Hobbies oder andere Energietankstellen sind wesentliche Bestandteile, um den oft turbulenten Alltag zu meistern. Entscheidend sind aber die Bereitschaft und die Fähigkeit, den leiblichen Eltern des Pflegekindes offen und wertschätzend zu begegnen: »Was die annehmenden Eltern (und die Fachkräfte) über die leiblichen Eltern des Kindes denken und fühlen, bestimmt den Selbstwert des Kindes!« (Wiemann, 2012).

3 Rechtliche Grundlagen und Rahmenbedingungen

Das Leben als Pflegefamilie ist eingebettet in eine Vielzahl rechtlicher Bestimmungen. Die juristische Einordnung und Absicherung des Pflegeverhältnisses ist für alle Beteiligten von großer Bedeutung. Sie bildet die Grundlage, auf der sich (Pflege)Familien, (Pflege)Kinder und professionelle Helfer bewegen können. Pflegefamilien bewegen sich in einem Spannungsfeld zwischen Elternrechten, Kinderrechten, öffentlichem Auftrag und den eigenen Rechtspositionen.

Elementare Eckpfeiler sind[1]:

- Ehe und Familie stehen unter dem besonderen Schutz des Staates (Art. 6 GG). Die Trennung eines Kindes von der Familie gegen den Willen der leiblichen Eltern (Sorgeberechtigten) ist nur aufgrund eines Gesetzes und einer entsprechenden Entscheidung des Familiengerichts möglich.
- Voraussetzung für eine solche Entscheidung durch das Familiengericht ist eine Gefährdung des Kindeswohls (§ 8a SGB VIII, § 1666 BGB) die nur durch eine Trennung des Kindes von der Familie abgewendet werden kann.
- Die Vermittlung eines Pflegekindes in eine Pflegefamilie erfolgt im Rahmen einer sogenannten Hilfe zu Erziehung nach § 33 SGB VIII durch das zuständige Jugendamt. Mit dieser Hilfegewährung ist die Zahlung eines Pflegegeldes verbunden. Im Gegenzug übernehmen die Pflegeltern die Alltagssorge für das Kind und verpflichten sich zur Zusammenarbeit mit dem gesamten Helfersystem (z. B. Mitwirkung an Hilfeplangesprächen, Besuchs-

---

1 Ausführlichere Darstellungen zu den rechtlichen Rahmenbedingungen sind unter anderem zu finden im Ratgeber »Was Pflegeeltern wissen sollten«, (KVJS Baden-Württemberg, 2018) oder »Die Rechte von Pflegekindern«, (PFAD Bundesverband für Pflege- und Adoptivfamilien e. V., o. J.).

kontakte mit den leiblichen Eltern, Hausbesuche durch den Vormund).
- Die leiblichen Eltern werden so weit wie möglich in die Hilfeplanung einbezogen.

Die elterliche Sorge kann bei der Unterbringung in einer Pflegefamilie entweder bei den leiblichen Eltern (sofern diese zustimmen) oder ganz bzw. in Teilen bei einem Vormund oder Ergänzungspfleger liegen. Das bedeutet im Alltag, dass die Alltagssorge mit Fragen zu Ernährung, Freizeitgestaltung, Kleidung, Arztbesuchen bei Infekten, Kinderkrankheiten oder ähnlichem immer bei der Pflegefamilie liegt. Über grundsätzliche Themen (Operationen, Therapien, Impfungen, die Religionszugehörigkeit, Rückstellung von der Einschulung etc.) entscheiden dagegen die leiblichen Eltern oder der Vormund.
- Im Einzelfall können auch Pflegeeltern die Vormundschaft für ihr Pflegekind übernehmen.

Die Ansprechpartnerinnen für Pflegefamilien in den Jugendämtern sind in der Regel Mitarbeitende (Sozialpädagogen, Erziehungswissenschaftlerinnen) in spezialisierten Pflegekinderdiensten. Dabei ist die Organisation der Jugendämter und ihrer Pflegekinderdienste bundesweit nicht einheitlich geregelt. Es gibt große Unterschiede in der personellen Ausstattung und im Aufgabenbereich, der jeweils im Pflegekinderdienst abgedeckt wird. Zu den Aufgaben der Pflegekinderdienste gehören unter anderem:
- Öffentlichkeitsarbeit, um Pflegeeltern zu »gewinnen«
- Überprüfung und Qualifizierung potentieller Pflegeeltern (Bewerbungsverfahren)
- Vermittlung von Pflegekindern
- Begleitung der Pflegeverhältnisse, insbesondere die Organisation und Begleitung von Besuchskontakten mit den leiblichen Eltern,

Beratung der Pflegeeltern und leiblichen Eltern, Anregung und gegebenenfalls Bewilligung zusätzlicher Hilfen (Integrationshilfen in Kindergärten und Schulen, Therapien, Biografiearbeitsgruppen), Mitwirkung im familiengerichtlichen Verfahren (zum Umgangsrecht, zu Fragen der elterlichen Sorge und Rückführung) und Aufbau eines Helfernetzwerks.

Die Ansprüche, die aus diesen vielfältigen Aufgabenfeldern an die Fachkräfte herangetragen werden, sind von unterschiedlichen, sich manchmal widersprechenden Aufträgen, Interessen und Bedürfnissen geprägt. Daraus können Spannungsfelder entstehen. Leibliche Eltern wünschen sich umfassende Umgangskontakte oder die Rückführung des Kindes in ihren Haushalt. Pflegeeltern sprechen sich gleichzeitig für größere Abstände zwischen den Besuchskontakten aus, weil die Kinder nach jedem Umgang aufgewühlt sind. Dies äußert sich z. B. in selbstverletzendem Verhalten, erneutem Einnässen oder auf andere Art und Weise. Parallel dazu fordert das Familiengericht eine kurzfristige Stellungnahme zum Antrag der Eltern auf Rückführung oder zur Ausweitung des Umgangsrechts an, die Dokumentation des letzten Hilfeplangesprächs steht aus und die Angaben für eine verpflichtende Statistik müssen dringend weitergeleitet werden.

Familien sind gerade zu Beginn eines Pflegeverhältnisses, aber auch bei späteren Krisen, auf intensive Beratung angewiesen. Aus Sicht der Familien spielt dabei auch die schnelle und zuverlässige Erreichbarkeit der Fachkräfte eine große Rolle. In Baden-Württemberg sieht eine Empfehlung des Landesjugendamtes für eine Vollzeitkraft neben den oben genannten Grundsatzaufgaben zeitgleich die Betreuung von 25 bis 35 Pflegekindern und ihren Familien vor. Für Fachkräfte ist es im Alltag oft nicht möglich, all diesen Ansprüchen gleichermaßen gerecht zu werden. Wechselseitige »Gebrauchsanweisungen« können die konkrete Zusammenarbeit deutlich erleichtern:

- Ich möchte Sie zu Beginn unserer Zusammenarbeit darum bitten, immer gut auf sich zu achten. Teilen Sie mir mit, wenn Sie Unterstützung benötigen, wenn Sie etwas belastet, Sie einen Rat brauchen oder Sie unzufrieden sind.
- Ich bin für viele Kinder und Familien verantwortlich. Wenn ich Sie aus dem Blick verlieren sollte, nicht zeitnah zurückrufe oder E-Mails nicht beantworte, dann liegt das nicht an Ihnen. Möglicherweise bindet eine Krise in einer anderen Familie gerade meine ganze Arbeitszeit. Bitte machen Sie dann Ihre Not deutlich, »treten Sie mir auf die Füße« und fordern Sie die Unterstützung ein, die Sie benötigen.
- Angenommen, Sie würden keine Unterstützung oder Beratung einfordern. Woran könnte ich erkennen, dass es Ihnen nicht gut geht, dass Sie etwas belastet? Was wäre ein Alarmzeichen, auf das ich umgehend reagieren soll?

Die Fülle an Aufgaben und die Vielzahl an Familien, hinter denen sich immer persönliche Schicksale verbergen, die zunehmende Komplexität der Problemlagen und die damit verbundene Verantwortung erfordern von den Mitarbeitenden der Pflegekinderdienste grundsätzlich ein hohes Maß an Belastbarkeit, Flexibilität und Reflexionsbereitschaft.

Die systemische Beratung

4 Bewerbungsprozess – gut beraten für eine grundlegende Entscheidung

Wenn Menschen sich auf die Abenteuerreise Pflegefamilie einlassen möchten, sind sie auf gute Beratung angewiesen. Sie benötigen möglichst umfassende Informationen über die besonderen Herausforderungen dieser Reise, über die konditionellen Voraussetzungen, über mögliche Mitreisende, die Reiseleitung und das Serviceangebot des Veranstalters. Fachkräfte – als Reiseleiter– müssen herausfinden, ob sie den Interessenten eine solche Reise zutrauen und bei welcher speziellen Reiseplanung sie auf diese zukommen sollten.

Jugendämter oder auch freie Anbieter entwickeln für diesen Entscheidungs- und Auswahlprozess in der Regel standardisierte Vorgehensweisen, die sich an den jeweiligen Strukturen, der personellen Ausstattung und der individuellen Haltung orientieren. Wir verstehen unseren Bewerbungsprozess als Stufenmodell. Es soll den potentiellen Pflegeeltern, aber auch den beteiligten Fachkräften als ständige Entscheidungshilfe dienen, um zu klären, ob sie den Weg gemeinsam weitergehen möchten. Da Wahrnehmung und Einschätzung grundsätzlich durch die individuellen Vorerfahrungen geprägt sind, binden wir immer mehrere Kolleginnen in den Prozess mit ein. Dies ermöglicht es uns, einen umfassenden Eindruck zu bekommen.

Wir stellen im Folgenden Auszüge aus einem im Kinder- und Jugendamt der Stadt Heidelberg entwickelten Bewerbungsverfahren dar, das kontinuierlich fortgeschrieben wird.

4.1 Erstgespräch – Einblicke in eine mögliche Zukunft

Das Erstgespräch mit den potentiellen Pflegeeltern dient dem gegenseitigen Kennenlernen. Ausführliche Informationen zum Leben als

Pflegefamilie und als Teil eines Helfernetzes ergänzen wir durch möglichst anschauliche Geschichten aus dem Leben unserer Pflegekinder. Wir möchten so das Leben als Pflegefamilie greifbarer und vorstellbarer machen, den Bewerbern also einen Einblick in ihre mögliche Zukunft geben und eine erste Basis für die weitergehende Entscheidung bieten. Erzählungen der Bewerberinnen über ihre Motivation, ihre Vorstellungen, Wünsche und Befürchtungen dienen den Fachkräften als Grundlage für gezielte weitere Informationen, Nachfragen und erste Rückmeldungen.

Nach manchen Erstgesprächen wird die gemeinsame Reise erst einmal unterbrochen, wie zum Beispiel bei Familie Moll.

Herr und Frau Moll kommen zum Erstgespräch. Herr Moll hat bisher die Termine vereinbart und beim ersten Telefonat von ihrer ungewollten Kinderlosigkeit berichtet. Der Wunsch nach einer großen Familie bestünde immer noch. Nachdem die medizinischen Möglichkeiten ausgereizt seien, hätten sie sich nun für diesen Weg entschieden. Beim Erstgespräch teilen beide mit, dass sie sich noch nicht mit der empfohlenen Literatur beschäftigt hätten. Sie seien beide beruflich stark eingebunden und auch in der Freizeit sehr aktiv. Trotzdem sei aber im Prinzip alles für ein Kind vorbereitet. Frau Moll könne jederzeit pausieren und habe den Arbeitgeber auch schon informiert. Daraufhin schildern wir zunächst ein paar Fallbeispiele, um deutlich zu machen, wie das Leben mit einem Pflegekind aussehen kann. Wir erzählen von Kindern, die immer wieder Ablehnung provozieren, die Beziehung zu den Pflegeeltern in Frage stellen, permanent einen Erwachsenen an ihrer Seite brauchen oder bei einem Nein völlig verzweifeln.

Und wir erzählen von Pflegeeltern, die sich abgelehnt fühlen, sich Sorgen um ihr Pflegekind machen oder manchmal einfach am Ende ihrer Kräfte sind.

Herr und Frau Moll hören interessiert zu, fragen aber kaum nach und interessieren sich vor allem für organisatorische Belange (Welche Unterlagen werden benötigt?) und die zeitliche Perspektive (Wie lange müssen wir warten, bis Sie uns ein Kind vermitteln?). Vor diesem Hintergrund entwickelt sich die folgende Gesprächssequenz:

FK (Fachkraft): Ich würde gerne an dieser Stelle ein anderes Thema anschneiden. Herr Moll, Sie haben am Telefon berichtet, dass Sie die medizinischen Möglichkeiten ein eigenes Kind zu bekommen, ausgeschöpft hätten. Darf ich fragen, wann Sie mit diesem Thema abgeschlossen haben?

Herr Moll: Nun, wir hatten in der Woche vor unserem ersten Telefonat ein Gespräch in der Kinderwunschpraxis. Die Ärztin hat uns dringend von weiteren Versuchen abgeraten.

Frau Moll ist sehr ruhig geworden, hat Tränen in den Augen.

FK: Frau Moll, ich habe den Eindruck, dass das Thema Sie noch sehr betroffen und traurig macht ...

Frau Moll: Ja, klar. Ich wäre so gerne schwanger geworden, hätte gerne gespürt, wie unser Kind in mir wächst, hätte gerne gesehen, dass es vielleicht meine Augen oder meine Haare ... *(schluckt, wendet sich kurz ab, um sich die Tränen wegzuwischen. Auch Herr Moll wird sehr ruhig, nimmt die Hand seiner Frau).*

FK: Ich habe den Eindruck, dass Sie noch sehr um das eigene Kind trauern, das Sie nicht bekommen konnten. Vielleicht sind Sie mit der Idee hierhergekommen, dass ein Pflegekind diese Lücke schließen könnte ...

Herr Moll: Na ja, wir wären dann immerhin eine Familie ...

FK: Aber nicht die Familie, die Sie sich eigentlich wünschen, oder?

Beide sind sehr berührt, schweigen und halten sich an der Hand.

FK: Ich würde Ihnen gerne eine Rückmeldung geben über das, was bei mir ankommt, was Sie und Ihre Worte und Gesten bei mir auslösen. Ich habe den Eindruck, dass Sie sich unbedingt ein Kind wünschen und dass Sie bereit sind, alles dafür zu geben, damit dieser Wunsch in Erfüllung geht. Unsere Erzählungen über das, was schwierig werden könnte mit einem Pflegekind, konnten Sie aus meiner Sicht nicht wirklich an sich heranlassen. Sie waren immer bemüht zu zeigen, dass Sie das schaffen können und Sie nichts abschreckt. Meine Sorge ist aber, dass Sie noch sehr an Ihrem Wunsch nach einem leiblichen Kind hängen. Kein angenommenes Kind der Welt wird Ihnen dieses aber ersetzen können. Unsere Erfahrung zeigt, dass kinderlose Paare sich erst dann wirklich auf ein fremdes Kind einlassen können, wenn sie das eigene nicht geborene loslassen konnten. Außerdem habe ich den Eindruck, dass Sie im Moment noch nicht gut für sich selbst sorgen können, noch kein Gespür dafür entwickeln können, welchen Herausforderungen Sie mit einem Pflegekind gewachsen sein müssten und was Sie möglicherweise überfordern würde.«

Wir beenden das Gespräch ohne weitere Terminvereinbarung. Herr und Frau Moll möchten alles erst einmal sacken lassen und wollen sich gegebenenfalls wieder melden. Wir bieten an, bei Bedarf Literaturempfehlungen zu Trauerarbeit bei unerfülltem Kinderwunsch oder auch Kontaktdaten von Beratungsstellen und Therapeuten weiterzugeben. Frau Moll ruft nach drei Wochen erneut an. Sie hätten sich entschieden, den Bewerbungsprozess noch ruhen zu lassen und bereits Kontakt zu einer Therapeutin aufgenommen, um sich zunächst ihrer Trauer zu stellen. Nach einem weiteren Jahr setzen wir den Bewerbungsprozess mit Herrn und Frau Moll fort. Sie haben sich von ihrem nicht geborenen Kind verabschiedet und ihm in ihrem Garten ein Apfelbäumchen gepflanzt. Sie haben akzeptiert, dass ihre Familie immer anders sein wird als ursprünglich gedacht, freuen sich nun aber auf diese andere Herausforderung.

Familie Moll lebt inzwischen mit zwei Pflegekindern, einem Hund und drei Apfelbäumchen zusammen. Das Leben bringt sie manchmal an ihre Grenzen. Ihre Entscheidung, fremde Kinder aufzunehmen haben sie bisher nicht bereut.

Andere Bewerber verabschieden sich nach dem Erstgespräch ganz vom »Reiseziel Pflegekind«.

Herr und Frau Berck sind beruflich sehr erfolgreich und zeitlich stark eingebunden. Der Termin für das Erstgespräch musste bereits zweimal verschoben werden. Frau Berck hatte im ersten Telefonat mitgeteilt, dass es in ihrem Freundeskreis eine Pflegefamilie gebe. Sie seien immer wieder sehr berührt über den innigen Kontakt des Jungen zu den Pflegeeltern. Da sie keine eigenen Kinder bekommen könnten, hätten sie sich nun für diesen Weg entschieden. Im Erstgespräch lernen wir ein Paar kennen, das sehr liebevoll und wertschätzend miteinander umgeht. Von beiden kommen viele Rückfragen zu unseren Fallgeschichten. Sie zeigen Verständnis für die Biografien der leiblichen Eltern und haben ein gutes Gespür für Dinge, die im Alltag anstrengend werden könnten.

FK: Frau Berck, Herr Berck, Sie haben sich ja schon sehr viele Gedanken gemacht und viele wichtige Fragen gestellt. Haben Sie auch schon darüber nachgedacht, wer von Ihnen bei der Aufnahme eines Kindes beruflich pausieren würde?

Frau Berck: Ja, also ... wir lieben ja beide unseren Beruf. Und wir dachten, dass wir vielleicht kein Baby aufnehmen, sondern ein Kind mit zwei oder drei Jahren. Dann könnte ich drei Monate zu Hause bleiben bis das Kind sich richtig eingelebt hat. Danach würde das Kind den Kindergarten besuchen und wir würden beide unsere Arbeitszeit auf 80 % reduzieren.

FK: Hm, das klingt nach einem Plan, der mit eigenen Kindern, die geborgen aufgewachsen sind, sicher gut funktioniert. Wir haben die Erfahrung gemacht, dass drei Monate bei Weitem nicht ausreichen, damit unsere Pflegekinder in der neuen Familie ankommen. Kinder, die wir in Pflegefamilien vermitteln, haben in aller Regel keine sichere Bindung aufbauen können. Sie haben nicht gelernt, dass jemand sich zuverlässig um sie kümmert und auch zuverlässig wiederkommt, wenn er geht. Diese Erfahrungen sind für die gesamte weitere Entwicklung aber besonders wichtig. Deshalb legen wir großen Wert darauf, dass nach der Vermittlung eines Pflegekindes der Bindungsaufbau zu den Pflegeeltern eine besondere Bedeutung hat. Die Kinder sollen die Möglichkeit haben, zu ihren Pflegeeltern eine intensive und exklusive Beziehung und Bindung einzugehen. Ein zu verfrühter Besuch im Kindergarten oder auch bei einer Tagesmutter würde diesen Bindungsaufbau behindern.

Herr Berck: Ist das denn bei allen Pflegekindern so? Bei unseren Bekannten wirkt das alles so entspannt und herzlich. Ich meine, dass da auch beide Eltern arbeiten.

FK: Sie haben sicher Recht. Jedes Pflegekind und jede Geschichte ist anders. In der Regel können wir den Verlauf aber nicht vorhersehen. Manchen Kindern gelingt der Wechsel nach außen hin gut. Und trotzdem brauchen sie viel Zeit. Ich würde ihnen gerne von Paul erzählen. Paul hat bei seinem Wechsel in die Bereitschaftspflege und vier Wochen später in die Dauerpflegefamilie keinen Trennungsschmerz gezeigt. Er hat nie nach seiner Mutter oder seinem Vater gefragt. Bei Besuchskontakten begrüßt er beide freundlich, geht aber am Ende ohne Aufsehen mit einem freundlichen Winken wieder mit dem Pflegevater nach Hause. Die Pflegeeltern berichteten bei den regelmäßigen Telefonaten und Kontakten, dass Paul zu allen Frauen »Mama« und zu allen Männern »Papa« sagte. Wenn Besuch kam, setzte er sich gerne bei den Besuchern auf den Schoß und wollte beim Abschied regelmäßig mit diesen mitgehen. Paul lebt mittlerweile seit zwei Jahren in der Familie. Er hat gelernt, zwischen »Mann« und »Papa« und »Frau« und »Mama« zu unterscheiden. Es fällt ihm aber nach wie vor sehr schwer, angemessen Kontakt mit anderen Kindern oder Erwachsenen aufzunehmen. Die Pflegeeltern unterstützen ihn hier im privaten Umfeld intensiv, indem sie zum Beispiel konsequent darauf achten, dass körperliche Nähe (auf dem Schoß sitzen, kuscheln) der engen Familie (Pflegeeltern, Großeltern) vorbehalten bleibt. Im Kindergarten (den er erst seit einem halben Jahr besucht) wird er durch eine zusätzliche Fachkraft unterstützt.

Frau Berck: Aber es gibt doch viele offene, kontaktfreudige Kinder. Warum ist es so wichtig, dass die Pflegeeltern so im Mittelpunkt stehen?

FK: Gute Frage! Kinder, die sicher gebunden sind, entdecken die Welt mit der Erfahrung, dass die Eltern (oder andere wichtige Bindungspersonen) immer zur Verfügung stehen. Als sichere Basis sozusagen. Pflegekinder ohne sichere Bindungen haben oft die Erfahrung gemacht, dass es sich nicht lohnt, sich auf andere zu verlassen. Sie wurden zu oft enttäuscht oder verletzt. Sie nehmen deshalb freundliche Zuwendung zunächst wahllos an, haben aber oft große Schwierigkeiten, eine dauerhafte und verlässliche Nähe zuzulassen. Aus Angst wieder verlassen oder enttäuscht zu werden. Deshalb stellen Pflegekinder die Beziehung oder Bindung zu den Pflegeeltern, aber auch später zu Freundinnen immer wieder auf die Probe. Provozieren Ablehnung und Streit, nur um selbst die Kontrolle zu behalten. Erst wenn sie ihre sichere Basis gefunden haben, können sie sich wirklich auf vertrauensvolle Beziehungen einlassen.

Frau Berck: Klingt ganz schön kompliziert ...

FK: Hm. Deshalb ist es uns so wichtig, Sie gut kennenzulernen und gut darüber zu informieren, was auf Sie zukommen könnte. Das Leben mit einem Pflegekind ist schon eine besondere Herausforderung.

Zum Abschluss des Gesprächs teilen wir dem Paar mit, dass wir uns gut vorstellen könnten, den Weg weiter mit ihnen zu gehen.

Wir bitten sie aber darum, noch einmal über das Thema berufliche Auszeit nachzudenken.

Herr Berck ruft drei Wochen später an, um mitzuteilen, dass sie sich nun doch gegen ein Pflegekind entschieden hätten. Irgendwie sei ihnen nicht klar gewesen, wie groß der Unterschied zu eigenen leiblichen Kindern sei und wie sehr sich ihr bisheriges Leben durch die Aufnahme eines Pflegekindes verändern würde.

4.2 Lebensberichte und Genogrammarbeit – mit der Ressourcenbrille auf die eigene Biografie blicken

Das eigene Leben, die eigene Biografie prägen unser Denken und Handeln, unsere Art, Konflikte auszutragen und Freude zu teilen. Das Leben mit Pflegekindern stellt Pflegefamilien vor vielfältige und besondere Herausforderungen, Krisen und Konflikte gehören oft zum Alltag. Die Bewältigung dieser alltäglichen Höhen und Tiefen gelingt in der Regel besser, wenn wir uns unserer Stärken und Schwächen bewusst sind. Wenn wir Muster erkennen und gezielt auf bewährte Strategien zurückgreifen, erkennen wir, wo wir Unterstützung benötigen.

Vor diesem Hintergrund schicken wir unsere Bewerberpaare auf eine Reise in ihre eigene Vergangenheit und bitten sie, Lebensberichte zu schreiben. Dabei geht es uns nicht um eine Aneinanderreihung von Fakten und Ereignissen oder um kerzengerade Lebensläufe und Erfolgsgeschichten. Unser Interesse gilt vielmehr den Zwischentönen, den Ecken und Kanten, dem was die Menschen geprägt und zu dem gemacht hat, was sie heute sind. Die meisten Bewerberinnen erleben alleine dieses Eintauchen in ihre eigene Geschichte als große Bereicherung. Viele Paare setzen sich beim Schreiben noch einmal intensiv mit sich, ihrer jeweiligen Familiengeschichte und ihrer Paarbeziehung auseinander, genießen Aha-Erlebnisse und lernen sich noch bewusster kennen.

Es ist den Bewerbern überlassen, wie detailliert sie ihre jeweilige Geschichte schildern. Wir erleben es als großen Vertrauensbeweis, wenn Paare uns auf diese Weise an ihrem Leben teilhaben lassen. Ziel der Arbeit mit den Lebensberichten ist es, mit den potentiellen Pflegeeltern in einen intensiven Austausch über sich und ihr Leben zu kommen und dabei ein Gespür dafür zu entwickeln, bei welchem Kind mit welcher Vorgeschichte wir an dieses besondere Paar denken sollten.

Als Methode hierfür hat sich die Genogrammarbeit bewährt. In einem Genogramm können – wie in einem Stammbaum – Beziehungen und Strukturen innerhalb einer Familie grafisch dargestellt werden. Anhand der Lebensberichte tragen wir die Grunddaten der Familie in unsere Vordrucke ein. In gemeinsamen Gesprächen wird das Genogramm dann langsam vervollständigt und mit Leben gefüllt. Die potentiellen Pflegeeltern erzählen Anekdoten aus ihrem Leben und beschreiben ihre subjektive Sicht auf die Beziehungen innerhalb ihrer Familie. Mit gezielten Fragen machen wir uns gemeinsam auf die Suche nach Beziehungsmustern, besonderen Stärken, erfolgreich gemeisterten Krisen und Herausforderungen. Wir laden die Paare durch unsere Wahrnehmungen und Deutungen dazu ein, ihre eigene Biografie auch mit anderen Augen zu sehen und versuchen, die Bedeutung dieser individuellen Geschichte für die Aufnahme eines Pflegekindes deutlich zu machen.

5 Matching und Anbahnung – vom Suchen und Finden der passenden Pflegeeltern

Werdende Eltern haben in aller Regel neun Monate Zeit, um sich auf den neuen Lebensabschnitt als Familie vorzubereiten. Pflegeeltern durchlaufen diese Phase in deutlich kürzerer Zeit. Vom ersten Anruf bis zur tatsächlichen Aufnahme eines Kindes vergehen manchmal nur wenige Tage. Eine kurze, aber intensive Phase für alle Beteiligten. Leibliche Eltern müssen akzeptieren, dass ihr Kind bei einer anderen Familie leben wird, Fachkräfte müssen entscheiden, welche Familie angesprochen wird und Pflegeeltern müssen entscheiden, ob sie den Schritt von der Theorie in die Praxis wagen und ob sie dieses eine bestimmte Kind bei sich aufnehmen möchten.

5.1 Entscheidungsprozess im Team

Aufgabe der Fachkräfte ist es, aus den vorhandenen Bewerbern diejenigen herauszusuchen, die mit ihren eigenen Stärken und Schwächen, ihrer Haltung und ihren Vorstellungen zum Leben als Pflegefamilie dem individuellen Bedarf dieses einzigartigen Kindes am ehesten gerecht werden können. Die langjährige Erfahrung in der Arbeit mit Pflegefamilien hat gezeigt, dass das Zusammenleben mit vorbelasteten Kindern oft eine anhaltend kräftezehrende Aufgabe ist. Die Passung zwischen aufnehmender Familie und Pflegekind ist deshalb eine Grundbedingung für die Bewältigung dieser Herausforderungen und für die Entstehung neuer sicherer Bindungen. Es gibt kaum objektive Kriterien, die man einer solchen Entscheidung zugrunde legen könnte. Lediglich im Bewerbungsprozess bereits festgelegte Ausschlusskriterien oder der Altersabstand zu bereits in der Familie lebenden Kindern können objektiv bewertet werden. Glei-

ches gilt für die räumliche Nähe zum Wohnort der leiblichen Eltern. Darüber hinaus können folgende Faktoren zu einer fundierten fachlichen Entscheidung beitragen:
- Entscheidung im Team, um die Subjektivität der Wahrnehmungen, Interpretationen, Einschätzungen zu erweitern und bewusst unterschiedliche Sichtweisen einzubeziehen.
- möglichst umfassende Informationen zur Vorgeschichte des Kindes und der Herkunftsfamilie.
- Hypothesen und Prognosen zum möglichen Bedarf des Kindes, zu erwartbaren Herausforderungen in der Kooperation mit den leiblichen Eltern.
- Besondere Stärken der aktuellen Bewerberfamilien, Hypothesen zu deren Belastbarkeit im Umgang mit diesem besonderen Kind.

Paul, zweieinhalb Jahre, lebt seit seiner Geburt mit seiner Mutter in verschiedenen Mutter-Kind-Einrichtungen. Frau Jelani ist erst mit zwölf Jahren nach Deutschland gekommen. Es ist ihr sehr schwergefallen, sich in der neuen Kultur einzuleben. Ihr Vater ist früh verstorben. Ihre Mutter hat den Kontakt zu ihr abgebrochen, als sie mit fünfzehn Jahren von einem wesentlich älteren Mann schwanger geworden ist. Frau Jelani kümmert sich trotz intensiver Anleitung nur sehr unzuverlässig um Paul. Auf sein Weinen reagiert sie oft erst nach Aufforderung und es gelingt ihr kaum zu unterscheiden, ob Paul Hunger hat, friert oder einfach nur Nähe braucht. Im Umgang mit den Fachkräften in den Einrichtungen ist Frau Jelani sehr impulsiv. Immer wieder kommt es zu aggressiven Verhaltensweisen mit Schreien, körperlichen Drohgebärden und zum Werfen mit Gegenständen. Herr Frey (Pauls Vater) kommt zwar regelmäßig zu Besuch in die Einrichtung, erwartet dann aber von Frau Jelani, umsorgt zu werden, kümmert sich nur sporadisch um seinen Sohn und versucht, ihm Grenzen zu setzen, indem er die Stimme erhebt oder Paul unsanft in einen Hochstuhl oder Laufstall setzt. Im Kontakt mit dem Jugendamt kommt es ebenfalls wiederholt zu aggressivem Auftreten beider Elternteile und verbalen Drohungen.

Paul zeigt bereits mit zwei Jahren deutliche Entwicklungsverzögerungen: Er spricht nur einzelne Worte nach Aufforderung nach, hat kaum Körperspannung, läuft sehr unsicher, stößt sich oft und stolpert. Er weint nicht, wenn er offensichtlich Schmerzen hat und zieht sich in beängstigenden Situationen zurück, erstarrt dabei in seinem bisherigen Tun. Im Kontakt mit bekannten Menschen ist er distanzlos und sucht intensiven Körperkontakt. Im Umgang mit Fremden friert er zunächst regelrecht ein und ist nicht mehr in der Lage zu spielen. Dann aber ist er nach kurzer Zeit bereit, mit dieser ihm bis dahin unbekannten Person mitzugehen, sofern diese sich ihm freundlich zuwendet. Nach dem Erstellen von Gutachten zur Erziehungsfähigkeit und einem langwierigen Gerichtsverfahren wurde den Eltern das Sorgerecht entzogen. Die Gutachterin sieht kein Veränderungspotential bei den leiblichen Eltern. Die Hilfsmöglichkeiten sind aus ihrer Sicht ausgeschöpft. Die leiblichen Eltern haben gegen den Beschluss des Familiengerichts Beschwerde eingelegt. Ein Termin beim Oberlandesgericht steht noch aus. Paul lebt seit drei Wochen bei Familie Lösch in Bereitschaftspflege. Frau Lösch hat berichtet, dass Paul positive Zuwendung aufsauge wie ein Schwamm. Er habe noch keine Prioritäten bezüglich seiner Bezugspersonen und wäre bereit, auch nach zeitlich begrenzten Besuchen mit der Nachbarin oder den Großeltern mitzugehen. Aus ihrer Sicht sei es wichtig, dass Paul in eine Familie mit einer dauerhaften Bleibeperspektive wechseln könne, bevor er gezielt Bindungen aufbaue.

Anhand dieser Informationen wird im Team gemeinsam überlegt, welche Bewerberinnen für die Aufnahme Pauls infrage kommen. Wir gehen davon aus, dass Paul nach der Aufnahme in die Pflegefamilie intensive Zuwendung brauchen wird, damit ihm der Aufbau neuer und sicherer Bindungen gelingt. Eventuell müssen regelmäßige Termine für Logopädie und Ergotherapie wahrgenommen werden. Darüber hinaus suchen wir nach Eltern, die sich durch ein möglicherweise aggressives Auftreten der leiblichen Eltern nicht verunsichern lassen. Stattdessen sollten sie in der Lage sein, auch die Not der leiblichen Eltern zu erkennen und diesen wertschätzend begegnen.

Unter den infrage kommenden Bewerbern entscheiden wir uns für eine Familie, die bereits einen knapp fünfjährigen Sohn hat und am entgegengesetzten Ende der Stadt lebt. Beide Elternteile haben schon im Bereich Jugendhilfe gearbeitet und sind im Umgang mit herausfordernden Menschen in Not geübt. Im Bewerbungsprozess hat das Paar einen unerschrockenen und stabilen Eindruck hinterlassen. Die Erziehung des leiblichen Sohnes ist von liebevoller Konsequenz geprägt. Die Großeltern leben in der Nachbarschaft und die Familie ist insgesamt gut in ein funktionierendes soziales Netzwerk eingebunden. Die Familie hatte sich im Vorfeld bereit erklärt, auch eine begrenzte Zeit der Unsicherheit (schwebendes Gerichtsverfahren) mitzutragen, sofern aus fachlicher Sicht eine dauerhafte Unterbringung des Kindes in einer Pflegefamilie angestrebt werde.

5.2 Entscheidungsprozess der Pflegeeltern

5.2.1 Anfrage – Pflegefamilie für Paul gesucht

Mit dem ersten Anruf durch den Pflegekinderdienst zu einer konkreten Vermittlung beginnt für die potentiellen Pflegeeltern eine emotionale Berg- und Talfahrt, die von den Fachkräften eng begleitet wird. Es gilt, genau zuzuhören, auf Zwischentöne zu achten, Emotionen der Pflegeeltern wahrzunehmen und anzusprechen. Außerdem ist es wichtig, dass sich alle beteiligten Personen gut im Blick behalten. Durch das Anbieten von eigenen Wahrnehmungen und Deutungen können die begleitenden Mitarbeiterinnen den Pflegeeltern einen subjektiven Spiegel vorhalten. Auf diese Weise unterstützen sie den Entscheidungsprozess behutsam und feinfühlig.

FK: Hallo, Frau Anthes! Ich hoffe, ich störe nicht. Haben Sie einen Moment Zeit für mich?

Frau Anthes: Sicher, was gibt es denn?

FK: Frau Anthes, wir suchen eine Pflegefamilie für einen kleinen Jungen, zweieinhalb Jahre alt, und wir haben dabei an Sie gedacht ...

Frau Anthes: Oh, das kommt jetzt aber unverhofft ...

FK: Ja, das kann ich verstehen. Möchten Sie sich trotzdem kurz anhören, worum es konkret geht?

Frau Anthes erhält dann zunächst alle verfügbaren Informationen zur bisherigen Vorgeschichte des Kindes. *Sie fragt an manchen Stellen nach, macht sich Notizen.*

FK: Frau Anthes, was lösen diese Informationen denn gerade in Ihnen aus? Wie fühlen Sie sich?

Frau Anthes: Ich bin immer noch ein bisschen überrumpelt. Irgendwie freue ich mich, dass Sie an uns gedacht haben, aber viel mehr kann ich gar nicht sagen. Ich glaube, ich muss das erstmal verarbeiten.

FK: Hm, das kann ich nachvollziehen. Vielleicht gehen Sie einfach mal mit den Informationen »schwanger«, sprechen mit Ihrem Mann darüber. Spüren Sie bei der Vorstellung, dieses Kind kennenzulernen, eher Vorfreude oder Neugierde? Oder fühlt sich der Gedanke eher beklemmend an? Bitte nehmen Sie sich die Zeit, die Sie brauchen. Ich werde mich einfach morgen nochmal nach dem aktuellen Stand bei Ihnen erkundigen.

Frau Anthes ruft am kommenden Vormittag an. Sie habe lange mit ihrem Mann über den Anruf gesprochen. Dieser sei schnell von der Idee überzeugt gewesen, sich auf das betroffene Kind einzulassen. Sie selbst sei aber noch nicht so weit. Sie könne weder überzeugt Ja noch Nein sagen und dies nicht genau begründen.

FK: Vielen Dank für diese Rückmeldung. Gut, dass Sie sich so genau im Blick haben. Haben Sie eine Idee, was Ihnen helfen könnte, eine klare Entscheidung zu treffen? Wenn Sie möchten, können Sie gerne zu einem persönlichen Gespräch ins Amt kommen. Ich würde dann die Kollegin dazu bitten, die Paul und seine Familie in den letzten Jahren begleitet hat. Möglicherweise sind weitere Informationen – quasi aus erster Hand – hilfreich. Sie können sich auch noch einmal fragen, was Ihnen bei den wichtigen Entscheidungen in Ihrem bisherigen Leben geholfen hat. Sie sollten aber auf jeden Fall wissen, dass ein Nein zu diesem Kind Ihnen nicht negativ ausgelegt wird. Für uns ist es ein Zeichen von hohem Verantwortungsbewusstsein, dass Sie sich diese Entscheidung nicht leicht machen.

Frau Anthes: Danke für die Rückmeldung. Ich glaube, ich werde wirklich nochmal mit meinem Mann sprechen. Wir melden uns wieder.

Am Nachmittag meldet sich Herr Anthes: Seine Frau und er möchten zu einem gemeinsamen Gespräch ins Amt kommen, die Entscheidung wollen sie aber weiter offenhalten.

Ziel des persönlichen Gesprächs mit beiden Elternteilen ist es einerseits, die angesprochenen Bewerber in ihrer Entscheidungsfindung zu unterstützen, andererseits aber auch die Teamentscheidung zu überprüfen. Bestätigt sich aus Sicht der Fachkräfte die Einschätzung, die richtige Familie angesprochen zu haben, oder kommen Bedenken auf? Das persönliche Gespräch bietet Raum für einen offenen Austausch, für kritisches Hinterfragen und ein gemeinsames Ringen um eine fundierte Entscheidung. Die potentiellen Pflegeeltern haben hier die Gelegenheit, konkrete Nachfragen zu stellen, sie hören Geschichten aus Pauls bisherigem Alltag, erleben die Betroffenheit der bisher zuständigen Kollegin. Mit jeder neuen Information, jeder neuen Geschichte versuchen wir, Paul und seine Biografie für die potentiellen Pflegeeltern greifbarer zu machen. Wir bitten sie am Ende des Gesprächs, weiterhin kritisch zu prüfen, ob sie sich für dieses Kind entscheiden können.

FK: Herr Anthes, wie geht es Ihnen mit diesen vielen neuen Informationen? Macht Sie das eher neugierig oder spüren Sie vielleicht einen Widerstand in sich? Was denken Sie, wie geht es Ihrer Frau gerade?

Herr Anthes: Danke, ich fühle mich durch das Gespräch in meiner Haltung bestätigt. Ich könnte mir vorstellen, dass Paul bei uns einen guten Platz hätte. Aber ich habe auch den Eindruck, dass meine Frau noch nicht so weit ist.

FK: Woran würden Sie denn merken, dass Ihre Frau so weit ist?

Herr Anthes *(lacht):* Wenn sie von einer Sache überzeugt ist, spüre ich einfach eine andere Energie, dann fängt sie in Gedanken an zu planen. Ich spüre dann irgendwie eine Vorfreude bei ihr, ich merke dann, dass sie mit ganzem Herzen bei der Sache ist. Jetzt habe ich den Eindruck, arbeitet mehr der Kopf …

Frau Anthes *(lächelt, greift nach der Hand ihres Mannes):* Mein Mann kennt mich ziemlich gut. Ich glaube, das ist es. Alle Erzählungen und Details haben mein Herz noch nicht berührt. Ich weiß nicht, woran es liegt. Ich habe irgendwie noch keine innere Vorstellung davon, was ich persönlich für Paul tun könnte …

Wir bitten Familie Anthes, sich noch einmal in Ruhe Gedanken zu machen. Als weitere Entscheidungshilfe können wir einen sogenannten »Scheibentermin« anbieten.

5.2.2 Der Einwegscheiben-Termin – schrittweise Annäherung

Für diese besondere Form des Kennenlernens müssen einige räumliche und technische Voraussetzungen erfüllt sein. In unserem Amt sind zwei nebeneinanderliegende Spielzimmer mit einer Einwegscheibe und einer Mikrofonanlage verbunden. Wird das eine Zimmer abgedunkelt und das Mikrofon aktiviert, kann man die Vorgänge im Nachbarzimmer mitverfolgen ohne selbst gesehen oder gehört zu werden. Solche Termine sind insbesondere bei Kindern ab etwa einem Jahr sehr hilfreich. Im direkten Kontakt würden Kinder sich beobachtet fühlen und spüren, dass sie auf dem Prüfstand stehen. Potentielle Pflegeeltern fühlen sich schnell verpflichtet, ihre Gefühle zu kontrollieren und zurückzustellen. Die Einwegscheibe bietet also einen Schutzraum für das Kind, sodass dieses sich unbefangen zeigen kann und Entlastung für die Pflegeeltern, die sich ohne Zurückhaltung auf die ganze Bandbreite ihrer Emotionen konzentrieren können.

Familie Anthes hat sich für einen solchen Termin entschieden.

Paul spielt in einem Zimmer mit der Bereitschaftspflegemutter und deren beiden Kindern.

FK: Herr Anthes, Frau Anthes, Sie werden Paul jetzt gleich zum ersten Mal sehen und hören. Bitte achten Sie darauf, welche Gefühle das bei Ihnen auslöst. Was spricht Paul in Ihnen an? Lassen Sie alles zu. Es gibt keine falschen Gefühle. Ich werde bei Ihnen bleiben und Sie in der Situation unterstützen. Sie dürfen selbst entscheiden, wann Sie genug gesehen oder gehört haben. Bitte lassen Sie sich nach dem Termin Zeit, um das Erlebte zu verarbeiten. Treffen Sie keine übereilte Entscheidung. Schlafen Sie noch einmal eine Nacht darüber und geben uns dann morgen eine kurze Rückmeldung.

Im Nachbarzimmer sitzen die Kinder auf dem Boden und spielen mit Gummitieren. Die Pflegemutter hat den Tisch gedeckt, es ist fast Mittag. Es gibt Brezeln, Gurkenstücke, Obst und Tee. Paul wirkt gelassen und spielt allein vor sich hin. Als eine Kollegin das Zimmer betritt, um den Kontakt zu begleiten, verstummt Paul, bleibt starr sitzen und reagiert auch nicht mehr auf die Ansprache der anderen

Kinder. Die Kollegin verlässt daraufhin umgehend den Raum und Paul entspannt sich langsam wieder. Er stimmt zaghaft in ein Lied ein, das die Pflegemutter anstimmt und lächelt diese kurz an. Herr und Frau Anthes beobachten die Situation gemeinsam mit ihrer Fachkraft vom anderen Zimmer aus. Ihnen ist nicht entgangen, wie sensibel Paul auf die Kollegin reagiert hat. Die Fachkraft gewinnt den Eindruck, dass mit der Entspannung Pauls auch die Bewerber wieder locker lassen – die Schultern der beiden entspannen sich, die Atmung wird ruhiger. Als Paul anfängt zu singen, entlockt er dem Paar ein erstes zaghaftes Lächeln.

Im Nachbarzimmer hat die Pflegemutter zwischenzeitlich wieder auf dem Sofa Platz genommen. Sie nimmt sich ein Stück von der Brezel und trinkt einen Schluck Tee. Paul beobachtet sie kurz, steht dann auf, bleibt in etwa 1,5 Meter Entfernung stehen und schaut die Pflegemutter nur an. Diese blickt freundlich zurück, fragt, ob er auch etwas essen möchte und fordert ihn auf, sich etwas von der Brezel zu nehmen. Paul kommt der Forderung zögerlich nach und setzt sich in einiger Entfernung ans andere Ende des Sofas. Sein Blick ist zunächst gesenkt, dann sucht er den Blickkontakt zur Pflegemutter. Als diese ihn anlächelt, rutscht er vorsichtig immer näher an sie heran. Frau und Herr Anthes haben die Szene weiterhin im Blick. In dem Moment, in dem Paul zaghaft die Nähe zur Pflegemutter sucht, sind beide sichtlich berührt. Frau Anthes hat kurz Tränen in den Augen, das Paar nimmt sich spontan in den Arm und schaut sich lächelnd an.

Die Rückmeldung am folgenden Tag ist eindeutig.

Frau Anthes: Danke, dass Sie uns für die Entscheidung so viel Zeit gelassen haben. Wir sind nun beide überzeugt, dass wir den Weg weitergehen möchten. Uns ist gestern klar geworden, dass Paul bei uns ein schönes Zuhause hätte. Irgendwie hat er sich einen Weg in unsere Herzen gebahnt.

5.2.3 Erstes Treffen – Begegnung wagen

An dieser Stelle verlassen wir Paul für eine kurze Zeit. Wir werden ihm später wieder begegnen.

Abhängig vom Alter des Kindes und den aktuellen Rahmenbedingungen wird dieser weitere Schritt individuell geplant und umgesetzt. Bei der Vermittlung von Säuglingen findet ein erstes Kennenlernen möglicherweise in der Entbindungsklinik oder im Jugendamt statt. Die Bewerber können das Baby im Arm halten, es wiegen, vielleicht auch wickeln oder das Fläschchen geben. Bei älteren Kindern geht einer dauerhaften Unterbringung in einer Pflegefamilie oft eine Übergangsphase in Bereitschaftspflege voraus. Dann bietet sich als unverbindliche Möglichkeit des Kennenlernens ein Besuch des Bewerberpaares oder auch der Familie in der Bereitschaftspflegefamilie an. Dieses erste persönliche Treffen wird durch eine Fachkraft begleitet. In der Regel sitzt man zunächst gemütlich bei Kaffee und Kuchen zusammen. Die Bewerber haben so die Möglichkeit, ungezwungen als Gäste mit dem Pflegekind in Kontakt zu treten. Pflegekind und potentielle Eltern können sich wechselseitig beschnuppern, überprüfen, ob der Funke überspringt.

In dieser Phase bitten wir die möglichen Pflegeeltern, auf ihre Intuition zu achten, sich einzulassen und weiterhin zu beobachten, welche Gefühle das Kind bei ihnen auslöst: Wie reagiert der Körper physisch? Sind Offenheit, Freude oder ein innerer Widerstand zu spüren? Fällt es leicht oder eher schwer, Nähe zuzulassen? In einer kurzen Nachbesprechung geben wir auch an dieser Stelle feinfühlig und wertschätzend Rückmeldung zu unseren Wahrnehmungen, Eindrücken und Deutungen. So können die Bewerberinnen ihre eigene Haltung und Selbstwahrnehmung mit unseren Beobachtungen, der Fremdwahrnehmung, abgleichen. Manche Paare benötigen ein weiteres Treffen mit dem Kind, andere spüren sofort, ob eine Verbindung aufgebaut werden kann oder nicht.

In der langjährigen Arbeit mit Pflegefamilien kommt es aber auch immer wieder vor, dass Bewerberpaare sich nach einem persönlichen Kennenlernen gegen die Aufnahme eines Kindes entscheiden. Manchmal wird die Anbahnung auch von unserer Seite abgebrochen.

Herr und Frau Maler haben vor einem knappen Jahr das Bewerbungsverfahren bei uns abgeschlossen. Sie sind kinderlos und würden gerne einen Säugling aufnehmen. Beide freuen sich sehr, als wir sie wegen Luna ansprechen. Luna ist zwei Monate alt und soll von der Kinderklinik aus direkt in eine Pflegefamilie entlassen werden. Sie ist wiederholt wegen Mangelernährung stationär behandelt worden. Die Kinderklinik stellt für ein erstes Treffen ein Zimmer bereit, in dem die potentiellen Pflegeeltern begleitet von einer Fachkraft des PKD ungestört mit Luna zusammen sein können. Beide halten das Baby abwechselnd auf dem Arm, wiegen es leise, wickeln und baden Luna mit Unterstützung der Pflegekraft. Im Kontakt wirken sie warmherzig. Nach dem Termin bitten wir beide um eine kurze Rückmeldung. Frau Maler scheint ganz in ihren Gefühlen aufzugehen. Es sei ihr wirklich schwergefallen, Luna zurückzulassen. Herr Maler betont, dass er die Kleine auch sehr süß finde, wirkt aber irgendwie reservierter, verhaltener in seiner Reaktion. Wir bitten beide darauf zu achten, wie dieses erste Kennenlernen nachwirkt.

Am nächsten Morgen ist Frau Maler am Telefon sehr aufgeregt. Sie habe nachts schon in Gedanken das Kinderzimmer eingerichtet und könne es kaum erwarten, Luna wiederzusehen. Ihr Mann sei weniger euphorisch, aber grundsätzlich ein zurückhaltender Typ. Wir treffen uns erneut in der Klinik bei Luna. Frau Maler strahlt, nimmt das Baby hoch, spricht leise mit ihr und scheint sich schon ganz als Mutter zu fühlen. Herr Maler hingegen hält sich wieder zurück. Von ihm geht keine Initiative aus, Luna auch einmal zu halten. Er scheint eher unruhig, schaut öfter auf die Uhr. Nach dem Termin besprechen wir unsere Wahrnehmungen mit dem Paar.

FK: Herr Maler, ich habe den Eindruck, dass der Funke bei Ihnen nicht richtig überspringt. Als Sie im Bewerbungsverfahren von Ihrem Patenkind berichtet haben, hat man Ihnen die Begeisterung über dieses kleine Wesen richtig angesehen. Frau Maler: Ja, aber, das kommt bestimmt noch.

FK: Herr Maler?

Herr Maler: Ja, vielleicht brauche ich einfach noch ein bisschen Zeit.

FK: Wie war das denn, als Sie ihr Patenkind zum ersten Mal gesehen haben?

Herr Maler *(lächelt strahlend, atmet tief durch):* Die hat mich irgendwie im Sturm erobert. Ich weiß auch nicht, warum, aber ...

FK: Hm. Manches kann man nicht erklären und es ist trotzdem da oder eben auch nicht. Pflegekinder müssen damit leben, von den biologischen Eltern getrennt aufzuwachsen. Die uneingeschränkte Annahme in der Pflegefamilie kann mit dazu beitragen, dass sie gut mit diesem Schmerz leben können. Wir möchten für diese Kinder, aber auch für Sie als Pflegeeltern, kein Risiko eingehen. Sie müssen die Herausforderungen im Alltag gemeinsam stemmen. Nehmen Sie ihren inneren Widerstand ernst. Ich habe den Eindruck, Luna ist einfach nicht ihr Kind.

Wir entscheiden gemeinsam mit den Eheleuten die Anbahnung hier abzubrechen. Ein halbes Jahr später steht erneut ein Säugling zur Vermittlung an. Diesmal sind die Reaktionen beider Elternteile eindeutig. Theo lebt nun seit zwei Jahren bei Familie Maler.

5.3 Anbahnung und Ankommen in der Pflegefamilie – die gemeinsame Reise beginnt

Der Zeitraum zwischen der Entscheidung, ein Kind in eine bestimmte Familie zu vermitteln bzw. aufzunehmen und dem tatsächlichen Einzug wird für jeden Einzelfall individuell geplant. Ziel ist es, dem Kind einen möglichst behutsamen Wechsel zu ermöglichen. Relevante Aspekte für die Planung sind unter anderem das Alter des Kindes und die Dauer der vorangegangenen Bereitschaftspflege. In der Regel werden zum intensiven Kennenlernen zwischen Pflegekind und Pflegeeltern wechselseitige Besuche der Familien vereinbart. Dabei übernehmen die aufnehmenden Eltern zunehmend Verantwortung, verbringen immer mehr Zeit allein mit dem Kind. Zwischen den beiden Familien und der begleitenden Fachkraft findet in dieser Phase ein intensiver Austausch statt. Dabei werden die Beobachtungen zum Kind gebündelt und gedeutet, um so einen stimmigen Zeitpunkt für den dauerhaften Wechsel zu finden. Parallel zu diesem persönlichen Kennenlernen benötigen Kinder zu jedem Zeitpunkt altersgerechte Erklärungen und Informationen.

Die Zeit des Übergangs und Ankommens in der Pflegefamilie bindet bei Pflegekindern sehr viel Energie. Sie müssen sich auf neue Bezugspersonen einstellen, sich in der ungewohnten Umgebung zurechtfinden und lernen Rituale und Alltagsstruktur der Pflegefamilie kennen. Zusätzliche Außenreize wie Ausflüge, Besuche von Verwandten oder Freunden sollten erst ganz allmählich in den Alltag integriert werden. Trotz aller Vorinformationen und Erfahrungen ist es nie möglich, die Reaktionen der Pflegekinder auf den Wechsel vorherzusagen. Pflegefamilien sollte deshalb in dieser sensiblen Phase enge Beratung und Begleitung angeboten werden. An dieser Stelle kommen wieder Familie Anthes und Paul ins Spiel.

FK: Familie Anthes, die ersten Tage sind für Pflegefamilien sehr aufregend. Oft tauchen Fragen auf, die wir im Vorfeld nicht bedacht haben. Wir möchten Sie mit diesen Fragen oder anderen Unsicherheiten gerade zu Beginn des Pflegeverhältnisses nicht allein lassen. Sie können mich deshalb auch am Wochenende über mein Diensthandy erreichen. Ich kann Ihnen aber auch anbieten, mich anfangs täglich kurz bei Ihnen zu melden, um mich zu versichern, dass Sie gut im gemeinsamen Alltag ankommen. Pflegefamilien neigen manchmal dazu, zu viel Rücksicht auf uns Fachkräfte zu nehmen.

Alltägliche Entwicklungsaufgaben, die alle Kinder zu durchlaufen haben, liegen in dieser Phase häufig auf Eis. Dagegen rücken die besonderen Bewältigungsaufgaben von Pflegekindern (siehe Abschnitt 1.2) in den Vordergrund und sollten, sofern möglich, gut dosiert werden. Für die kindliche Entwicklung hat in dieser Phase nun das Ankommen in der Pflegefamilie höchste Priorität. Durch ein vorübergehendes Aussetzen der Besuchskontakte mit den leiblichen Eltern können sich Pflegekind und Pflegefamilie ganz aufeinander konzentrieren. So schmerzlich dies auch für die leiblichen Eltern ist, so wichtig ist der Einschnitt, um ein gutes Fundament für die weitere Entwicklung zu legen. Die biologischen Eltern werden über regelmäßige Rückmeldungen von der begleitenden Fachkraft an der aktuellen Entwicklung ihrer Kinder beteiligt.

Paul lässt sich scheinbar problemlos auf die Pflegefamilie ein. Er ist sehr still, beobachtet genau, was um ihn herum passiert. Bei den Mahlzeiten versucht er immer wieder, die Handhaltung des Pflegevaters zu imitieren. Beim gemeinsamen Spielen auf dem Boden übernimmt er die Sitzhaltung des Pflegebruders. In seinem unbändigen Wunsch nach Nähe und Kontakt muss er zwar immer wieder reguliert werden, passt sich aber ansonsten sehr an. Je länger Paul in der Familie lebt, desto mehr Zuwendung fordert er ein. Es gelingt ihm kaum noch zuzulassen, dass die Pflegeeltern sich mit Malte oder Besuchskindern beschäftigen. Erst nach gut einem Jahr kann Paul Wut zulassen, schreit die Pflegeeltern an und versucht zu treten und zu schlagen. Paul ist angekommen.

In der Ablehnung der Pflegeeltern oder in der Tatsache, Grenzen zu überschreiten und zu provozieren, können wichtige Botschaften enthalten sein:
- Ich fühle mich jetzt bei euch so sicher, dass ich mir dieses Verhalten erlauben kann.
- Ich habe aber auch Angst, dass ihr euch – wie meine Eltern – nicht immer um mich kümmert. Bevor ich enttäuscht werde, stoße ich euch lieber von mir weg.
- …

Der Umgang mit Wut und Ablehnung erfordert von Pflegeeltern ein besonderes Vorgehen. Pflegekinder benötigen in solchen Situationen Halt und Zuwendung. »Die Heilung des Kindes wird nicht durch Erziehung und Regeln getragen, sondern vielmehr durch heilsame Beziehungen und durch einen achtsamen Umgang miteinander« (Wedemann, 2017). Pflegeeltern sind durch solche Verhaltensweisen sehr gefordert. Sie benötigen dann zu ihrer eigenen Entlastung Fachkräfte, die ihnen zuhören, die ihre Belastung anerkennen und die das Verhalten des Pflegekindes erklären oder anders deuten können.

6 Besuchskontakte – mit den Wurzeln in Verbindung bleiben

Ein zentrales Element im Leben von Pflegefamilien ist die Aufrechterhaltung des Kontakts zur Herkunftsfamilie. Besuchskontakte sind die sichtbare Verbindung zwischen Pflegekind und biologischen Eltern. Sie haben Auswirkungen auf das Leben aller Beteiligten. Die Aufrechterhaltung des Kontakts zu den biologischen Wurzeln kann zudem ein wichtiger Baustein in der Identitätsentwicklung von Pflegekindern sein. So tragen Besuchskontakte zu einer bewussten Verarbeitung der Trennung bei und ermöglichen es den Kindern, sich ein realistisches Bild von ihren Eltern zu machen. Darüber hinaus werden die Kinder so darin bestätigt, dass sie ihren Eltern nach wie vor wichtig sind, sie trotz allem geliebt und nicht vergessen werden.

Gleichzeitig ist die Bewältigung von Besuchskontakten für alle Beteiligten mit emotionalen Höchstleistungen verbunden. Leibliche Eltern werden mit der Familie konfrontiert, an die sie ihr Kind verloren haben, müssen sich ihrem selbst empfundenen Scheitern stellen oder fühlen sich weiterhin ausgeliefert und missverstanden. Sie vermissen den Alltag mit ihrem Kind und erleben in Besuchskontakten zunehmend die Nähe und Vertrautheit, die es zu den Pflegeeltern entwickelt. Sie sind oft unsicher, traurig oder wütend. Pflegeeltern wiederum werden mit der Herkunft ihres Pflegekindes, mit der Vorgeschichte konfrontiert und erleben nun direkt, welchen Herausforderungen es sich stellen musste und wie belastet es möglicherweise vor und nach den Besuchskontakten reagiert. Die Pflegekinder selbst bewegen sich im Spannungsfeld von zwei Familien und fühlen sich oft beiden Elternpaaren verpflichtet. Unter diesen schwierigen Voraussetzungen ist es Aufgabe der Fachkräfte, einen Rahmen zu schaffen, der es ermöglicht, Besuchskontakte als förderliches Element für die kindliche Entwicklung zu etablieren.

6.1 Häufigkeit von Besuchskontakten – zwischen Elternrecht und Kindeswohl

Die Frage der Häufigkeit von Besuchskontakten wird in der Fachwelt kontrovers diskutiert. Anwälte fordern für leibliche Eltern oft ein Umgangsrecht, vergleichbar mit den Besuchsregelungen für Scheidungskinder. Dabei lassen sie außer Acht, dass man bei diesen – anders als bei Pflegekindern – grundsätzlich von einer förderlichen Beziehung und Bindung zu beiden Elternteilen ausgehen kann. Die Ausgestaltung der Besuchskontakte zwischen Pflegekind und leiblichen Eltern muss diesem Unterschied Rechnung tragen. Ein weiterer Indikator für die Regelung von Besuchskontakten ist die Frage der Perspektivklärung. Kinder, die ihren Lebensmittelpunkt in der Pflegefamilie haben, sollen sich möglichst vollständig in diese Familie integrieren können. Die Frequenz von Besuchskontakten soll diese Integration nicht behindern und dem Kind trotzdem die Möglichkeit geben, in angemessenem Umfang mit seinen Wurzeln in Kontakt zu bleiben. Manche Pflegekinder sehen ihre leiblichen Eltern einmal im Monat, andere zweimal im Jahr. Manchmal sind die Kinder durch aktuelle Entwicklungsanforderungen oder Spannungen während der Besuchskontakte so stark gefordert, dass eine Reduzierung der Kontakte helfen kann.

Paul ist mittlerweile fast vier Jahre alt und besucht seit Kurzem eine Kindertagesstätte (Kita). In seiner emotionalen und sozialen Entwicklung benötigt er auch in der Kita intensive Unterstützung und Förderung. Ohne individuelle Begleitung versucht das Kind, seine eigenen Bedürfnisse und Spielideen unmittelbar umzusetzen. Andere Kinder fühlen sich dadurch oft überrumpelt oder bedrängt, wehren sich oder wenden sich ab. Solche Reaktionen kann Paul nicht nachvollziehen. Er versucht dann entweder verzweifelt, die

Situation zu kontrollieren oder bricht emotional zusammen. Um Paul den Kitabesuch zu ermöglichen, wird er von einer Heilpädagogin mehrere Stunden täglich vor Ort begleitet. Paul ist in dieser Phase noch mehr als sonst auf Rituale und zuverlässige Strukturen angewiesen. Er braucht nachmittags viel Ruhe und jede kleine Abweichung wirft ihn aus der Bahn. Beim anstehenden Besuchskontakt ist Paul sehr erschöpft und kann sich kaum auf ein Spiel mit den leiblichen Eltern einlassen. Wir erklären den Eltern in der Nachbesprechung Pauls aktuelle Situation und können sie überzeugen, ihre Besuche vorübergehend in größeren Abständen zu planen, damit Paul Zeit hat, sich auf seinen neuen Alltag einzustellen.

Genauso kann es aber auch Gründe geben, Kontakte wieder auszuweiten, um zum Beispiel Pflegekindern auf dem Weg zum eigenen Ich eine intensivere Auseinandersetzung mit ihren biologischen Wurzeln zu ermöglichen.

Luisa lebt seit über zehn Jahren in der Pflegefamilie und sieht ihre leiblichen Eltern viermal im Jahr. Seit einiger Zeit besucht sie eine Biografierarbeitsgruppe mit anderen Pflegekindern und setzt sich in diesem Kontext intensiv mit ihrer eigenen Geschichte auseinander. Emotional schwankt sie immer wieder zwischen totaler Ablehnung der leiblichen Eltern und einer tiefen Sehnsucht nach ihnen. Nach einem ausführlichen Gespräch mit Luisa werden die Zeitabstände zwischen den Besuchskontakten zunächst für ein Jahr verkürzt.

6.2 Begegnungen gestalten – wie Besuchskontakte gelingen können

6.2.1 Begegnungsräume

Der Ort, an dem Pflegekinder mit ihren leiblichen Eltern zusammentreffen, hat oftmals weitreichende Auswirkungen auf den weiteren Verlauf. Besuchskontakte sollten möglichst auf neutralem Boden stattfinden. Die Wohnung der Pflegeeltern dient Pflegekindern nach einer Herausnahme als sicherer Ort, an dem sie Geborgenheit und zuverlässige Zuwendung erfahren. Ein Öffnen dieses Schutzraumes für leibliche Eltern führt bei Pflegekindern oftmals zu einer massiven Verunsicherung. Die Wohnung der leiblichen Eltern ist dagegen zu sehr mit den Belastungen verknüpft, die zur Fremdunterbringung geführt haben und würde ebenfalls zu einer diffusen Verknüpfung der Lebenswelten des Kindes beitragen. Vor diesem Hintergrund sind eigens für Besuchskontakte eingerichtete Spielzimmer im Jugendamt besonders geeignet. Ausgestattet mit einer Sitzgruppe mit Tisch für Brett- oder Kartenspiele und weiteren Spielbereichen (gesonderter Maltisch, Spielteppich, Bauecke) und Spielmaterial für verschiedene Altersgruppen, bieten sie Pflegekindern die Möglichkeit, zwischen verschiedenen Spielbereichen zu wechseln. Dies hat den Vorteil, dass Nähe und Distanz zu den leiblichen Eltern und den Pflegeeltern reguliert werden können. Für jeden Besuchskontakt können diese Zimmer individuell vorbereitet werden (Bereitstellen von Getränken, Auswählen von passenden Spielen …), damit eine möglichst entspannte Atmosphäre entsteht.

6.2.2 Vorbesprechung

Die emotionalen Herausforderungen im Zusammenhang mit Besuchskontakten sind für alle Beteiligten groß. Damit insbesondere die Pflegekinder diese Treffen gut bewältigen können, ist es wichtig, schon im Vorfeld über Erwartungen, Sorgen und Unsicherheiten zu sprechen. Leibliche Eltern und Pflegeeltern müssen wissen, wie sich ihr Verhalten auf das Kind auswirken kann, sie benötigen Orientierung in ihrer neuen Rolle und Entlastung durch professionelle Begleitung.

Vorgespräch mit Frau Behr, der leiblichen Mutter:
FK: Frau Behr, das Oberlandesgericht hat entschieden, dass Justin künftig in einer Pflegefamilie leben soll. Sie haben ihn ja nun seit dem Gerichtstermin vor sechs Wochen nicht mehr gesehen. Justin hat sich mittlerweile bei Tom und Greta – den Pflegeeltern – gut eingelebt. Ich würde nun gerne mit Ihnen den geplanten Besuchskontakt vorbereiten.

Frau Behr: Ich habe dem Gericht aber gesagt, dass ich damit nicht einverstanden bin. Ich kann mich selbst um Justin kümmern.

FK: Ja, Frau Behr, ich habe schon verstanden, dass Sie sich das anders wünschen. Aber das Gericht hat so entschieden. Damit müssen wir nun alle umgehen. Ich finde es wichtig, dass Sie morgen die Zeit mit Justin genießen können. Wir werden uns im selben Spielzimmer treffen, das Sie auch aus der Bereitschaftspflege kennen. Justin braucht vielleicht ein bisschen Zeit, um sich wieder auf Sie einzulassen. Ich möchte Sie deshalb bitten, sich zunächst zurückzuhalten. Nehmen Sie ihn bitte nicht einfach hoch, sondern warten Sie, bis er auf Sie zugeht. Ich weiß, dass das nicht einfach ist. Aber je mehr Sie sich auf Justin und seine Bedürfnisse einlassen, desto mehr wird er Sie mit seiner Aufmerksamkeit und Nähe belohnen. Ich werde beim Besuchskontakt dabei sein und so gut wie möglich unterstützen.

Frau Behr: Ich weiß, was für mein Kind gut ist. Ich bin schließlich seine Mutter.

FK: Das stimmt, Frau Behr. Sie werden immer Justins Mutter bleiben. Sie haben ihm das Leben geschenkt und sind untrennbar mit ihm verbunden. Aber Justin wird im Alltag nicht mit Ihnen zusammenleben. Tom und Greta sind nun seine »jeden Tag-Eltern«. Sie werden als Besuchsmama für Justin aber immer eine große Bedeutung haben. Es wird ihm sehr helfen, wenn er hier eine entspannte Zeit mit Ihnen verbringen kann.

Frau Behr: Kann ich dann jetzt gehen?

FK: Gleich, aber vorher habe ich noch eine Bitte an Sie: Ich weiß, dass Sie sich immer wieder über das Jugendamt, das Gericht oder auch die Pflegeeltern Ihrer anderen Kinder ärgern. Das steht Ihnen zu. Ich nehme mir gerne nach dem Besuchskontakt noch Zeit und höre mir in Ruhe an, was Sie stört. Solange Justin dabei ist, gehört die Zeit und Ihre Aufmerksamkeit aber ihm. Wenn Sie das kurzzeitig vergessen sollten, werde ich während des Besuchs noch einmal darauf hinweisen. Ich bin froh, dass wir die Besuchskontakte nun wieder aufnehmen können.

Vorgespräch mit der Pflegemutter:

FK: Frau Kleist, wir haben ja bereits im Bewerbungsprozess über Besuchskontakte gesprochen. Nun steht der Schritt von der Theorie zur Praxis an. Was beschäftigt Sie denn, wenn Sie an den Kontakt denken?

Frau Kleist: Ein bisschen aufgeregt bin ich schon. Ich weiß ja nicht so genau, wie Justin auf die Mutter reagieren wird. Was soll ich zum Beispiel tun, wenn er sich nicht von mir löst?

FK: Das ist eine gute Frage. Die ersten Besuchskontakte sind immer besonders aufregend und wir wissen alle nicht, wie Justin reagieren wird. Ich werde Sie dabei unterstützen, für Justin da zu sein. Es wäre gut, wenn Sie etwas früher als vereinbart kommen könnten. Dann kann Justin schon im Spielzimmer ankommen und sie können gemeinsam nach einer Beschäftigung suchen. Wenn die Mutter da ist, werde ich die Situation genau beobachten und Ihnen signalisieren, wann Sie sich zurückziehen können oder wann Justin aus meiner Sicht Ihre Nähe braucht.

Frau Kleist: Gut. Ich möchte einfach nichts falsch machen, aber Justin ist sehr sensibel. Frau Behr war im Umgang mit ihm ja oft ruppig und laut ...

FK: Ja, das stimmt. Im Besuchskontakt müssen Sie sich aber nicht für die Mutter verantwortlich fühlen. Wenn Frau Behr etwas tut, das Justin verunsichert, werde ich regulierend eingreifen. Geben Sie mir bitte ein Zeichen, wenn ich Justins Belastung möglicherweise nicht gleich erkennen sollte. Mir ist es sehr wichtig, dass die Beziehung zwischen Ihnen und Frau Behr nicht belastet wird.

Vorbereitung Justin:
Die Pflegeeltern zeigen Justin zu Hause das Bild, auf dem er mit seiner leiblichen Mutter zu sehen ist. Frau Kleist erklärt ihm: Schau mal Justin, da bist du mit Mama Nicki. Morgen nach dem Frühstück fahren wir beide zum Jugendamt. Da ist das Zimmer mit den vielen Autos und dem Parkhaus zum Spielen. Da treffen wir dann Mama Nicki wieder. Sie freut sich schon, dich morgen zu treffen. Nach dem Spielen fahren wir beide dann wieder hierher nach Hause.

6.2.3 Begleitung

Wenn leibliche Eltern, (Pflege)Kinder und Pflegeeltern sich zu Besuchskontakten begegnen, müssen sich alle in den jeweiligen neuen Rollen zurechtzufinden. Besuchskontakte sollten deshalb zumindest anfangs durch den Pflegekinderdienst begleitet werden. Fachkräfte können dabei folgende Aufgaben übernehmen:
- Anleitung im Umgang mit der ungewohnten Situation
- Erklären bzw. übersetzen kindlichen Verhaltens
- Loslösung von den Pflegeeltern unterstützen
- Spielsituation mit den leiblichen Eltern ermöglichen und anleiten

- Bei Bedarf reglementierend eingreifen, wenn das Kind überfordert wird
- Entlastung der Beziehung zwischen leiblichen Eltern und Pflegeeltern
- Nachbesprechung mit allen Beteiligten (wie ist es ihnen ergangen? Was ist gut gelaufen? Was können/sollen wir für den nächsten Kontakt bedenken?)

Pflegefamilien erleben die Begleitung rund um die Besuchskontakte oft als deutliche Entlastung. Sie können sich entspannter auf die Termine einlassen und damit auch wesentlich dazu beitragen, dass das Kind die Besuche gut bewältigt. Für leibliche Eltern ist die Situation oft schwerer auszuhalten. Sie fühlen sich kontrolliert und beobachtet. Sie können die Begleitung dann als hilfreich erleben, wenn ihnen Brücken zum Kind gebaut werden, ihnen das Verhalten des Kindes erklärt wird und sie immer wieder hören, dass sie Eltern dieses Kindes bleiben, auch wenn sie nicht mehr den Alltag miteinander verbringen.

7 Fallgeschichten – mögliche Stationen im Leben von Pflegefamilien

7.1 Gloria

Gloria hat fast vier Jahre mit ihrer leiblichen Mutter zusammengelebt. Frau Lorens fühlte sich verfolgt und bedroht und hat zu ihrer Tochter eine – aus ihrer Sicht schützende – symbiotische Beziehung aufgebaut. Zum Zeitpunkt der Inobhutnahme konnte Gloria sich nicht als eigenständiges Ich wahrnehmen. Sie war nicht in der Lage, mit anderen Menschen außer ihrer Mutter in Kontakt zu treten. Frau

Lorens zeigte keine Krankheitseinsicht und war nicht in der Lage, zwischen ihren eigenen Bedürfnissen und Wahrnehmungen und denen ihrer Tochter zu unterscheiden. Gloria hat sich in der Pflegefamilie gut entwickelt. Sie ist sehr intelligent und hat viele Talente. Im sozialen Bereich ist sie sehr angepasst, versucht, es allen Recht zu machen und übernimmt schnell die Rolle der Vermittlerin.

7.1.1 Auseinandersetzung mit einem psychisch kranken Elternteil

Kinder mit psychisch kranken Eltern müssen lernen, mit dieser Besonderheit zu leben. Wir können und wollen ihnen ihre Eltern nicht ersparen. Auch Gloria wird ihre Mutter und deren Anderssein immer in sich tragen. Gloria hat ihre Mutter anfangs einmal im Monat im Jugendamt getroffen. Sie hat sich einerseits gefreut, ihre Mama Elfie zu treffen, war aber andererseits immer wieder massiv überfordert. Frau Lorens hat zum Beispiel in Besuchskontakten davon gesprochen, dass Gloria in ihrer Anwesenheit sicher sei und die Angreifer – also die Pflegeeltern – ihr nichts anhaben könnten. Sie fordert die anwesende Fachkraft und die Pflegeeltern auf, nicht mehr mit schlechten »Gedankenblitzen« zu schießen und betont regelmäßig, dass Gloria bald wieder bei ihr leben werde.

Der Pflegekinderdienst reagiert darauf mit folgenden Interventionen:
- Altersentsprechende Erklärungen zur Erkrankung der Mutter: Gloria, deine Mama Elfie ist krank. Sie hat zwar keine Bauchschmerzen oder Fieber, aber sie sieht und hört oft Dinge, die nicht da sind. Das macht ihr dann manchmal Angst, weil sie glaubt, dass diese Dinge für dich gefährlich sind. Sie will dich in solchen Momenten beschützen und kann nicht merken, dass dir das unheimlich ist. Ich bin während ihres Besuchs die ganze Zeit dabei. Wenn du eine Pause brauchst, kannst du gerne zwischen-

durch zur Toilette gehen. Außerdem nehme ich mir nach jedem Treffen Zeit für dich, damit wir über alles sprechen können.
- Die Belastung des Kindes anerkennen, aber auch positive Seiten der Mutter hervorheben: Es ist manchmal ganz schön schwer auszuhalten, wenn deine Mama Elfie so seltsame Dinge sagt oder über deine Pflegeeltern schimpft. Ich weiß, du fühlst dich in deiner Pflegefamilie wohl und hast aber auch immer wieder das Gefühl, dass du damit deiner leiblichen Mutter wehtust. Sie hat dir das Leben geschenkt und dir viele positive Eigenschaften und Talente mitgegeben: deine tollen braunen Locken, deine strahlend blauen Augen, deine Intelligenz und deine künstlerische Begabung. Aber sie hat es nicht geschafft, so für dich zu sorgen, wie du das gebraucht hättest. Deine Mama Elfie hat sich ihre Krankheit nicht ausgesucht, aber sie schafft es auch nicht, deshalb zum Arzt zu gehen. Du bist dafür nicht verantwortlich. Du darfst in der Pflegefamilie glücklich sein, du darfst es genießen, wenn du mit Mama Elfie ein neues Bild gemalt hast und du darfst traurig sein, wenn sie seltsame Dinge sagt.
- Die Belastung der Pflegeeltern anerkennen und Entlastung anbieten (zum Beispiel Supervision, Kontakt zu anderen betroffenen Pflegeeltern herstellen): Für Sie ist es sicher nicht einfach zu sehen, wie Gloria nach den Besuchskontakten zeitweise leidet. Ich kann gut verstehen, wenn Sie sich manchmal wünschen, Sie könnten Frau Lorens und ihre Erkrankung einfach aus ihrem Leben verbannen. Sie wissen, dass das nicht möglich ist ... Gloria braucht Sie und Ihre Unterstützung auf diesem oft steinigen Weg. Kann ich irgendetwas für Sie tun, damit Sie sich dieser Herausforderung auch weiterhin stellen können?
- Kontakte zu gesunden Mitgliedern aus der Herkunftsfamilie ermöglichen: Gloria trifft sich in größeren Abständen mit ihren Großeltern.

- Therapeutische Anbindung zur Bearbeitung der vielfältigen Belastungen und zum Auffangen von akuten Krisen.
- Anpassung der Besuchskontakte an die gezeigte Belastung Glorias. Dies ist nur mit Zustimmung der leiblichen Mutter oder über eine Neuregelung des Besuchsrechts durch das Familiengericht möglich.

7.1.2 Immer wieder auf dem Prüfstand – häufige Gerichtsverfahren

Frau Lorens konnte nie akzeptieren, dass Gloria nicht bei ihr lebt. Sie stellt regelmäßig Anträge beim Familiengericht zur Rückführung Glorias oder zur Ausweitung der Besuchsregelungen. Gegen Entscheidungen in erster Instanz legt sie Beschwerde beim Oberlandesgericht ein. In den ersten Jahren waren diese Verfahren für die Pflegeeltern immer mit der Sorge verbunden, Gloria in die Obhut der Mutter zurückgeben zu müssen und sie damit erneut deren Wahnvorstellungen auszusetzen. Heute überwiegt die Belastung durch die abstrusen Vorwürfe gegen die Pflegeeltern, die Frau Lorens bei Gericht vorbringt: Gloria würde von den Pflegeeltern geschlagen und erscheine immer wieder mit blauen Flecken zu den Besuchskontakten, die Pflegeeltern hetzten sie gegen sie auf und setzten sie unter Druck ... Gloria wird aufgrund ihres Alters in jedem Verfahren persönlich bei Gericht angehört. Es fällt ihr sehr schwer, ihre eigenen Wünsche und Bedürfnisse zu benennen. Einerseits fühlt sie sich in der Pflegefamilie wohl und möchte dort aufwachsen, andererseits will sie ihre leibliche Mutter nicht kränken.

Wir bieten den Pflegeeltern zur Entlastung folgende Deutungsmöglichkeiten an:
- Wir schätzen Sie sehr und wissen, dass es Gloria bei Ihnen gut geht. Das werden wir auch bei Gericht so vertreten. Eine Rückführung zur Mutter ist aus fachlicher Sicht nicht möglich.

Frau Lorens zeigt nach wie vor keine Krankheitseinsicht und Gloria hat sich fest an Sie als Pflegeeltern gebunden. Wir verstehen, dass Sie beunruhigt sind. Sie sollten sich aber nicht zu viele Sorgen machen.

- Wir würden Ihnen diese Verfahren und die Vorwürfe gerne ersparen. Das steht aber leider nicht in unserer Macht. Es ist verständlich, dass Sie das im Alltag beschäftigt, kränkt oder auch wütend macht. Sie können sich darauf verlassen, dass wir die Unterstellungen bei Gericht entkräften werden.
- Frau Lorens ist krank. Deshalb lebt Gloria bei Ihnen. Die Vorwürfe, die sie erhebt, sind Ausdruck dieser Krankheit und haben nichts mit Ihnen und Ihrem Leben zu tun.
- Frau Lorens nimmt die Welt anders wahr. In ihrer Welt ist sie die Einzige, die Gloria vor den Gefahren der Umwelt schützen kann. Wenn sie aufhören würde, um Gloria zu kämpfen, würde sie ihre Tochter – aus ihrer Sicht – aufgeben und ausliefern. Die ständigen Gerichtsverfahren sind also für sie Ausdruck ihrer Liebe zu Gloria.
- Wir wissen, dass die Anhörungen für Gloria sehr belastend sind. Die Gerichtsverfahren und auch die Besuchskontakte sind aber auch ein Lernfeld für das Kind. Sie wird zunehmend lernen, für ihre eigenen Wünsche und Bedürfnisse einzustehen und irgendwann ihren eigenen erwachsenen Umgang mit ihrer Mutter finden. Bis dahin braucht sie Ihre Rückendeckung und Unterstützung. Seien Sie für sie da, wenn sie traurig ist, unterstützen Sie es, wenn sie sich für eigene Anliegen einsetzt und holen Sie sich Unterstützung, wenn Sie das Gefühl haben, es selbst nicht aushalten zu können.

Den Pflegeeltern ist es mit diesen alternativen Deutungsmustern gelungen, sich besser abzugrenzen und persönliche Angriffe der Krankheit zuzuschreiben.

Gloria hat zunehmend gelernt, für sich und ihre Bedürfnisse einzustehen. Schwierige Themen bearbeitet sie schriftlich mit Briefen an ihre Mutter oder kurzen Berichten ans Familiengericht. Sie hat akzeptiert, dass ihre leibliche Mutter die Welt anders wahrnimmt und kann sich ebenfalls gut abgrenzen.

7.2 Marius

Marius ist mit zehn Monaten in Obhut genommen worden. Er war in seinen ersten Lebensmonaten massiver Vernachlässigung ausgesetzt (fehlende Fürsorge, mangelndes Bindungsangebot, unzureichende Förderung, Mangelernährung …). Die frühe Vernachlässigung hat weitreichende Folgen auf Marius' Entwicklung: Er sucht ständig nach Aufmerksamkeit, hat eine geringe Frustrationstoleranz und benötigt die liebevolle Begleitung enger Bezugs- oder Bindungspersonen, um sich sozial angemessen verhalten zu können. Herr und Frau Falk, die leiblichen Eltern, wirken im Umgang bemüht, aber hilflos. Sie haben beide keinen Schulabschuss und es gelingt ihnen kaum, größere Zusammenhänge zu erfassen. Sie können nicht verstehen, warum man ihnen Marius weggenommen hat, akzeptieren aber, dass er in der Pflegefamilie lebt.

7.2.1 Besuchskontakte – Wiedererleben von Vernachlässigung

Marius sieht seine Eltern anfangs einmal im Monat. Je älter er wird, desto belasteter erleben wir ihn während der Besuche. An den Tagen danach nässt Marius wieder häufig ein, wacht nachts schreiend auf und kann kaum noch einschlafen. Außerdem ist er dann außergewöhnlich anhänglich, klammert sich in einem Moment an die Pflegeeltern und beginnt im nächsten Augenblick, unvermittelt zu kratzen und zu schlagen.

Herr und Frau Falk sind in den Besuchskontakten einerseits sehr passiv, stellen keine Fragen und haben keine eigenen Ideen zur Gestaltung des Kontakts. Wenn die Pflegeeltern oder Marius etwas aus dem Alltag erzählen, hören sie nur kurz zu und erzählen dann ausführlich von ihrem eigenen belasteten Leben: der drohenden Zwangsräumung, weil das Amt die Miete nicht rechtzeitig überwiesen hat, dem anstrengenden Minijob, dem ungerechten Chef, dem Ärger mit der Oma usw. Marius versucht während den Treffen immer wieder, die Aufmerksamkeit der Eltern auf sich zu lenken, indem er diese anstarrt, sich ganz nah zu ihnen setzt oder den Clown spielt. An anderen Tagen schottet er sich regelrecht ab, schaut niemanden an und beschäftigt sich allein mit Autos oder Bausteinen. Marius beginnt mit knapp fünf Jahren eine Spieltherapie. Gemeinsam mit der Therapeutin und den Pflegeeltern werten wir unsere Beobachtungen während und nach den Besuchen aus. Aus therapeutischer Sicht reaktiviert das Verhalten der leiblichen Eltern die früh erlebte Vernachlässigung. Marius zeigt in seinen Reaktionen eine große Verunsicherung und Not. Um ihm eine Stabilisierung im Alltag zu ermöglichen, werden folgende Vereinbarungen getroffen:

- In Absprache mit den leiblichen Eltern finden die Besuche nur noch viermal im Jahr statt. Die Termine liegen jeweils direkt vor den Ferien, damit mögliche Belastungen nach dem Kontakt den Schulbesuch nicht zusätzlich beeinträchtigen.
- Marius sitzt bei den Treffen künftig immer zwischen seiner Pflegemutter und der begleitenden Fachkraft. Er kommt ein bisschen früher und darf ein bis zwei Spiele für den Tag aussuchen. Wenn die leiblichen Eltern kommen, wird zuerst gespielt und gegen Ende zeigt Marius ein paar mitgebrachte Fotos (von einem Ausflug, vom Fußballspielen ...). Die Fachkraft des Pflegekinderdienstes übernimmt stellvertretend für die leiblichen Eltern das ehrliche Interesse an Marius, stellt Fragen und gibt ihm positive

Rückmeldungen. Wenn die Eltern beginnen, von sich zu erzählen, lenkt die Fachkraft den Fokus schnellstmöglich zurück auf das gemeinsame Spiel oder Marius.
- Die leiblichen Eltern verabschieden sich zuerst. Marius darf dann noch auf einer Skala von eins bis zehn bewerten, wie der Kontakt für ihn war. Wenn er einen guten Platz für das Klötzchen gefunden hat, stellen wir uns gemeinsam die Fragen: Wer könnte was tun, damit das Klötzchen weiter nach rechts rückt (bessere Bewertung)? Was müsste passieren, damit das Klötzchen weiter nach links rückt (schlechtere Bewertung)?
- Kindgerechte Erklärung für Marius zum Verhalten seiner leiblichen Eltern: Als du geboren wurdest, haben sich deine Eltern sehr gefreut. Sie wollten gute Eltern sein und haben sich wirklich angestrengt. Aber sie haben es einfach nicht geschafft. Sie können nicht gut zuhören und wissen nicht, was sie dich fragen könnten. Aber sie kommen zu jedem vereinbarten Besuchskontakt. Daran kannst du erkennen, dass du ihnen wichtig bist.

7.2.2 Schule – eine systematische Überforderung

Für Marius ist der Schulbesuch – wie für viele Pflegekinder – vom ersten Tag an eine große Herausforderung. Die sozial-emotionalen Prozesse (sich einfügen in die Klassengemeinschaft, sich zurücknehmen, Aufmerksamkeit teilen, Aufträge erfüllen, die nicht den eigenen Bedürfnissen entsprechen) kosten ihn oft so viel Energie, dass kaum noch Kapazitäten für die eigentlichen Lerninhalte zur Verfügung stehen. Überforderung und Versagensängste führen dann zu störendem, gelegentlich auch unangemessen aggressivem Verhalten. Unterbewusst reagiert Marius in solchen Situationen immer noch auf die bedrohlichen Erfahrungen aus der Vergangenheit. Er versucht über sein störendes Verhalten verzweifelt, den drohenden Kontrollverlust zu verhindern und sein Selbstwertgefühl zu stabilisieren. Für Lehrkräfte sind solche von außen oft nicht nachvollziehbaren Verhaltensweisen ebenfalls sehr fordernd. Neben dem einzelnen Kind müssen sie immer auch die ganze Klasse und den Lehrplan im Auge haben. In unserer Praxis hat sich als hilfreich erwiesen, zu einem möglichst frühen Zeitpunkt vernetzt und systemübergreifend zu arbeiten. Wir besprechen gemeinsam, wer was dazu beitragen kann, dass Marius oder andere Pflegekinder den Schulbesuch gut bewältigen können:

- Marius fällt es im Kindergarten immer wieder schwer, sich an Regeln zu halten oder abzuwarten. Er ist schnell gekränkt und frustriert und neigt dann in seiner Not dazu, andere Kinder zu treten, Dinge durch den Raum zu werfen oder bewusst zu zerstören. Das könnte in der Schule schnell zu Problemen führen. Möglicherweise ist es sinnvoll, die Schule schon im Vorfeld mit ins Boot zu holen und sie darüber zu informieren, dass Marius als Pflegekind einige Besonderheiten mit sich bringt.
- Ich habe Ihnen hier das Handout für Lehrerinnen und Lehrer vom Bundesverband der Pflege- und Adoptiveltern e. V. (PFAD)[2] ausgedruckt. Die besonderen Herausforderungen für Pflegekinder beim Schulbesuch werden hier sehr anschaulich erklärt. Ich kann Ihnen gerne ein zweites Exemplar für die Schule mitgeben.
- Marius ist ein toller Junge. Ich bin immer wieder beeindruckt, wie einfühlsam Sie auf seine Besonderheiten eingehen. Er wird in der Schule einmal mehr auf Ihren Rückhalt, Ihr Zutrauen und Ihre Geduld angewiesen sein. Setzen Sie sich und ihn nicht unter Druck. Wir werden bei Bedarf einen Weg finden, Marius in der Schule ausreichend zu unterstützen.

---

[2] https://pfad-bv.de/dokumente/Blog/Handout%20f%C3%BCr%20Lehrkraefte.pdf.

Die Pflegeeltern haben der Schule bereits bei der Anmeldung das oben genannte Handout überreicht und auf eine mögliche Kooperation mit dem Pflegekinderdienst des Jugendamts hingewiesen.

Die Schule hat auf die angebotene Unterstützung offen reagiert und zeitnah nach Schulbeginn um einen runden Tisch mit Lehrerinnen, Pflegeeltern und dem Pflegekinderdienst gebeten. Auf Bitten der Pflegeeltern hat auch die Therapeutin an diesem Gespräch teilgenommen. Sie hat den Lehrkräften Marius' Verhalten anschaulich erklärt und Hinweise gegeben, wie besondere Herausforderungen frühzeitig erkannt und »entschärft« werden können. Marius strengt sich sehr an, kommt aber immer wieder an seine Grenzen. Die Lehrerin erkennt in der Regel schnell, wann Marius besondere Unterstützung benötigt oder eine kurze Auszeit braucht. Pflegeeltern und Schule stehen in engem Kontakt und beziehen weitere Fachkräfte bei Bedarf ein. So kann auch diese schwierige Wegstrecke von allen Beteiligten gemeistert werden.

7.2.3 Auf dem Weg zum eigenen Ich – Herausforderung Pubertät

Die Jugendphase als Übergang vom Kind zum Erwachsenen ist für alle eine anstrengende Zeit. Das eigene Selbst finden, sich abgrenzen von den Eltern, hormonelle und körperliche Veränderungen durchleben – dies alles stürzt junge Menschen immer wieder in emotionale Ausnahmesituationen. Pflegekinder erleben diese Phase oft als existentielle Verunsicherung. In ihrer Identitätsentwicklung müssen sie sich mit ihren leiblichen Eltern und den sozialen Wurzeln auseinandersetzen: Was habe ich von wem? Ist mein Schicksal genetisch vorgegeben? Werde ich auch psychisch krank oder drogenabhängig wie meine biologischen Eltern? Wer will ich sein und kann ich das selbst beeinflussen? Eigene Erfahrungen zeigen außerdem, dass bei Pflegekindern in der Pubertät oft früh erworbene Bindungsmuster und Bewältigungsstrategien reaktiviert werden. Sie zweifeln an der Liebe und Belastbarkeit der Pflegeeltern und stellen den Fortbestand des Pflegeverhältnisses wieder grundlegend infrage. Sie provozieren Ablehnung und Streit. Manche neigen zu massiven Grenzüberschreitungen, konsumieren Drogen, werden straffällig oder zeigen selbstverletzendes Verhalten bis hin zu Suizidalität. Pflegeeltern werden in dieser Zeit oft auf eine harte Probe gestellt, kommen immer wieder an die Grenzen ihrer Belastbarkeit und zweifeln an sich selbst:

- Konnten und können wir unserem Pflegekind das bieten, was es braucht?
- Sind wir dem gewachsen, was noch auf uns zukommt? Können wir genug aushalten?
- Wie können wir mit unseren eigenen Gefühlen von Angst und Wut umgehen?
- Was wird von uns erwartet?
- Sind wir verantwortlich dafür, wenn unser Pflegekind ins Schleudern gerät?

Marius ist jetzt vierzehn Jahre alt. Mit zehn hat er eine Biografiearbeitsgruppe mit anderen Pflegekindern besucht. Die Pflegeltern hatten das Gefühl, Marius habe seine Geschichte akzeptiert und sei mit sich im Reinen. Die Besuche der leiblichen Eltern verliefen entspannt und Marius zeigte hinterher nur noch selten Anzeichen von Belastung.

Seit einigen Wochen wird Marius nun scheinbar von seiner eigenen Geschichte eingeholt. Er ist immer wieder hin- und hergerissen zwischen seinen leiblichen Eltern und den Pflegeeltern. In einem Augenblick stößt er die Pflegeeltern von sich weg (»Ihr seid nicht meine richtigen Eltern, ihr habt mir überhaupt nichts zu sagen, ich hasse euch!«) und wünscht sich häufigere Treffen mit seinen leiblichen Eltern. Dann wieder verlangt Marius, dass Besuchskontakte gestrichen werden und möchte umgehend von seinen Pflegeeltern adoptiert werden. In diesem Wechselbad der Gefühle kommt eine tiefe Sehnsucht nach der einen, einzig wahren Familie zum Ausdruck. Der Bruch mit einer seiner Familien scheint für Marius der einzige Ausweg aus diesem Dilemma. Für die Identitätsentwicklung von Pflegekindern ist es in solchen Phasen wichtig, sie darin zu unterstützen mit dem Dilemma zu leben, es auszuhalten und in das eigene Selbstbild zu integrieren.

Hilfreiche Botschaften der Pflegeeltern an Marius könnten sein:
- Nele und Jochen werden immer deine Eltern bleiben. Sie haben dir das Leben geschenkt und hätten gerne selbst für dich gesorgt, haben es aber einfach nicht geschafft.
- Du hast Recht, wir sind nicht deine biologischen Eltern, wir haben dir nicht unsere Gene mitgeben können. Aber als du nicht mehr bei deinen Eltern bleiben konntest, waren wir sehr froh, dass wir dich aufnehmen durften. Wir haben die soziale Elternschaft für dich übernommen und fühlen uns für dich verantwortlich. Für uns bist du unser Sohn und wirst es immer bleiben. Wir begleiten dich auf deinem Weg, solange du das zulässt.
- Es ist sicher manchmal schwer mit zwei Familien aufzuwachsen. Uns würde das an deiner Stelle auch hin und wieder traurig oder wütend machen. Wir verstehen, wenn du Nele und Jochen vermisst. Wenn du sie öfter sehen möchtest, unterstützen wir dich gerne dabei. Gleichzeitig verstehen wir, wenn du manchmal wütend auf sie bist.
- Es ist immer schwer, seinen eigenen Weg im Leben zu finden. Du musst weder den Weg deiner leiblichen Eltern gehen noch unseren. Du darfst deinen ganz eigenen Weg entdecken, darfst Umwege gehen oder auch stolpern und hinfallen. Wir werden dich begleiten, für dich da sein, wenn du uns brauchst und dich deine eigenen Erfahrungen machen lassen.

Auch wenn es Marius' Pflegeeltern oft gelingt, souverän auf seine Gefühlsausbrüche einzugehen und sich nicht verunsichern zu lassen, sind diese Spannungen, die Unberechenbarkeit, mit der sie plötzlich konfrontiert werden, sehr anstrengend und belastend. Pflegeeltern benötigen gerade in solchen Phasen zuverlässige Ansprechpartner, die ihnen zuhören, Mut machen, ihnen den Rücken stärken und so zur Entlastung beitragen. Hilfreiche Botschaften für Pflegeeltern können sein:

- Marius kommt gerade ganz schön ins Schleudern. Das ist in Ordnung. Er muss seinen Weg finden und mit ganz unterschiedlichen Lebensentwürfen klarkommen. Auch wenn er das im Moment nicht zeigen kann. Er braucht Ihren Halt und Ihre Zuversicht. Versuchen Sie für ihn da zu sein, auch wenn er es Ihnen gerade sehr schwer macht.
- Ich kann verstehen, dass Sie sich große Sorgen um Marius' weitere Entwicklung machen. Pflegekinder machen oft »Ausflüge« in andere Wertesysteme. Bleiben Sie zuversichtlich und begreifen Sie es als Nebenwirkung auf dem Weg zum Erwachsenwerden. Wenn Sie heute in der Lage sind, loszulassen und Marius die Möglichkeit geben, sich auszuprobieren, wird er Sie morgen wieder als Wegweiser anerkennen.
- Erinnern Sie sich daran, als Marius zu Ihnen kam und Sie sich gefreut haben, dass er Ihnen endlich seine Wut zeigen konnte. Diese Erfahrung dürfen Sie nun noch einmal machen. Seine ständigen Provokationen, die Streitereien um jede Kleinigkeit sind Ausdruck seines Zugehörigkeitsgefühls, seiner Liebe zu Ihnen und gleichzeitig seiner großen Angst, doch noch von Ihnen verlassen zu werden.
- Seien Sie großzügig mit sich. Sie müssen nicht immer souverän reagieren. Verzeihen Sie es sich, wenn Sie aus der Haut fahren und versuchen Sie später, wenn sich die Wogen geglättet

haben, Ihr Verhalten zu erklären und entschuldigen Sie sich bei Bedarf.
- Nehmen Sie sich Auszeiten von der Erziehung. Sorgen Sie gut für sich und suchen Sie Seelentankstellen im Alltag. Sie können nur dann wirklich für Marius da sein, wenn Sie sich auch gut um sich selbst kümmern.
- Sie wünschen sich für Marius nur das Beste. Das Beste ist sein ganz eigener Weg. Begleiten Sie ihn auf diesem Weg, auch wenn er nicht Ihren Vorstellungen entspricht und gehen Sie Marius' Tempo mit. Mit Ihrer Unterstützung wird er sicher ans Ziel kommen.

Marius hat nach einigen Schleifen mit 21 Jahren seinen Schulabschluss geschafft und mittlerweile eine Ausbildung im Handwerk abgeschlossen. Er ist mit 23 Jahren ausgezogen, hat aber nach wie vor engen Kontakt zu seinen Pflegeeltern.

8 Wenn Pflegeverhältnisse enden ...

Formelle Grundlage für das Zusammenleben als Pflegefamilie ist die Gewährung einer Hilfe zur Erziehung durch das Jugendamt. Dieser Rechtsanspruch der Personensorgeberechtigten (Eltern, Vormund bzw. Ergänzungspflegerin) sowie die damit einhergehende Unterstützung enden mit der Volljährigkeit des Pflegekindes: »Einem jungen Volljährigen soll Hilfe für die Persönlichkeitsentwicklung und zu einer eigenverantwortlichen Lebensführung gewährt werden, wenn und solange die Hilfe aufgrund der individuellen Situation des jungen Menschen notwendig ist. Die Hilfe wird in der Regel nur bis zur Vollendung des 21. Lebensjahres gewährt; in begründeten Einzelfällen soll sie über einen begrenzten Zeitraum darüber hinaus fortgesetzt werden« (§ 41 Abs. 1 SGB VIII). Während sich die Jugendphase gesamtgesellschaftlich durch eine Verlängerung der schulischen und beruflichen Qualifizierungswege und den längeren Verbleib im Elternhaus auch über die Volljährigkeit hinaus ausdehnt (»25 ist das neue 18«), sieht der Gesetzgeber für sogenannte Care Leaver[3] aus der Jugendhilfe trotz erschwerten biografischen Bedingungen eine zügige Verselbständigung vor. Hinzu kommt, dass junge Erwachsene bei der Antragstellung nach § 41 SGB VIII oft bürokratische Hürden überwinden müssen. Neben dem grundsätzlichen Begründungszwang als Rechtfertigung für einen weiteren Hilfebedarf gibt es in der Praxis der Hilfegewährung für junge Volljährige regionale Unterschiede. Hintergründe einer eher restriktiven Handhabung können fiskalische Aspekte sein, aber auch die grundsätzliche Haltung, dass junge Erwachsene nicht mehr auf familiäre Unterstützung angewiesen sein sollten. Aus dieser Sicht sind andere Leistungsträger für die Sicherung der Lebensgrundlage und die weitere Beratung heranzuziehen. Pflegeeltern werden durch ein solches Vorgehen moralisch unter Druck gesetzt, ihrer Verantwortung ehrenamtlich weiter nachzukommen.

8.1 Erwachsen werden in der Pflegefamilie – Übergänge vorbereiten und begleiten

Wie bereits beschrieben, ist der Übergang ins Erwachsenenleben bzw. in die Selbständigkeit für Pflegekinder und Pflegefamilien mit besonderen emotionalen und strukturellen Herausforderungen verbunden. Dies erfordert eine möglichst frühzeitige Vorbereitung des

---

3 Care Leaver sind junge Menschen, die einen Teil ihres Lebens in der stationären Kinder- und Jugendhilfe – z. B. in Pflegefamilien – verbracht haben und sich im Übergang in ein eigenständiges Leben befinden.

Prozesses. Die Pubertät als Phase des Umbruchs, der Identitätsentwicklung und Ablösung kann für einen bewussten Einstieg in die Übergangsbegleitung genutzt werden. Pflegefamilien benötigen in Zeiten, in denen entstandene Beziehungen und Bindungen noch einmal schwer auf die Probe gestellt werden, oft intensive Beratung. Sie sind auf Fachkräfte in Pflegekinderdiensten, Beratungsstellen oder auch Ansprechpartner im therapeutischen Bereich angewiesen, die sie dabei unterstützen, im Gespräch zu bleiben, den Blick immer wieder auf das Gelingende zu richten und anstrengende Zeiten miteinander auszuhalten (siehe Kapitel 7.2.3). In dieser sensiblen Phase zeigt sich, wie tragfähig die entstandenen Bindungen zwischen Pflegekind und Pflegeeltern sind. Pflegekinder entwickeln früh ein Bewusstsein dafür, dass sie anders sind. Sie haben in der Pflegefamilie ein Zuhause gefunden, erleben aber gleichzeitig, dass ihre Zugehörigkeit zur Familie sich von der leiblicher Kinder unterscheidet. Sie sind nicht genetisch mit den anderen Familienmitgliedern verwandt, haben keinen Erbanspruch und sind möglicherweise nur aufgrund einer Entscheidung des Jugendamtes Teil dieser Familie geworden. Darüber hinaus sind die Pflegeeltern nicht unterhaltspflichtig. Hilfeplangespräche können gezielt genutzt werden, um Fragen anzusprechen, die aus Sorge vor gegenseitiger Kränkung und Verletzung im Alltag oft umgangen werden:

- Empfinde ich mich, unser Pflegekind als vorübergehenden Gast oder als vollwertiges Familienmitglied? Woran erkennen wir das? Welche Bedeutung hat das für unser momentanes Zusammenleben und für die Zukunft?
- Gibt es Unterschiede zwischen dem Pflegekind und möglichen leiblichen Kindern? Wer erkennt das woran? Wie wirkt sich das auf unser Zusammenleben aus?
- Wie stellen wir uns heute unsere (gemeinsame) Zukunft vor? Was beschäftigt uns bei diesem Blick in die Zukunft? Was macht uns

Sorgen, was stimmt uns zuversichtlich? Welche Wünsche haben wir und wer kann was zu deren Realisierung beitragen?

Der offene und feinfühlige Umgang mit solchen Fragen, die Erlaubnis über Sorgen, Ängste und Wünsche zu sprechen, kann wesentlich zu einer bewussten Verarbeitung des Status als Pflegekind und zu einer gelingenden Integration in das eigene Selbstbild beitragen. Gleichzeitig werden durch die Bewertung der Bindungs- und Beziehungsqualität innerhalb der Pflegefamilie die Weichen für die weitere Übergangsplanung gestellt.

Mit zunehmendem Alter gewinnen neben den grundlegenden emotionalen Fragestellungen organisatorische Themen wie die Sicherung der Lebensgrundlage und damit verbundene Rechtsansprüche, die eigene Wohnung, Ausbildung und Beruf immer mehr an Bedeutung. Der Aufbau eines unterstützenden Netzwerks mit verlässlichen Ansprechpartnerinnen außerhalb der Jugendhilfe ist neben der weiteren Unterstützung durch die Pflegefamilie ein wichtiger stabilisierender Faktor.

Jenny kam mit zwei Jahren in ihre Pflegefamilie. Ihre Mutter Frau Groß war bis vor wenigen Jahren alkoholabhängig und litt immer wieder unter Depressionen. Ihren Vater hat Jenny nach der Fremdunterbringung nicht mehr gesehen. Er war mehrfach wegen Beschaffungskriminalität inhaftiert worden und ist verstorben, als sie fünf Jahre alt war. Mit ihrer leiblichen Mutter hat Jenny sich in größeren Abständen im Jugendamt zu begleiteten Besuchskontakten getroffen. Ihre Pflegeeltern hat das Mädchen auf ihrem turbulenten Weg oft herausgefordert. Sie hat bereits mit dreizehn Jahren regelmäßig Alkohol konsumiert und wurde mehrfach betrunken aufgegriffen. Sie hatte häufig wechselnde Freunde, war früh sexuell aktiv und hat hin und wieder gekifft. Die Pflegeeltern haben in dieser Zeit intensiv Beratung durch den Pflegekinderdienst und eine Suchtberatungsstelle in Anspruch genommen. Sie haben sich mit anderen Pflegeeltern vernetzt, die solche Phasen ausgehalten und überstanden haben. Durch die Unterstützung konnten sie sich und ihr Handeln absichern. Jenny haben sie immer wieder versichert, dass sie sie lieben und zu ihr stehen. Dass es nachvollziehbar ist, wenn sie ins Schleudern gerät und dass sie immer bereit sein werden, sie aufzufangen. Nach anfänglichem Widerstand war Jenny bereit, sich auf eine therapeutische Begleitung einzulassen. In regelmäßigen Familiengesprächen haben sie und ihre Pflegeeltern wieder begonnen, über ihre Wünsche und Befürchtungen sowie über die Zukunft zu sprechen. Sie haben Jennys schrittweises Erwachsenwerden gemeinsam geplant und notwendige Lernschritte begleitet. So haben sie ihrer Pflegetochter ermöglicht, zunehmende Eigenverantwortung für ihr Leben zu übernehmen, ohne sie zu überfordern. Nach dem Schulabschluss hat Jenny ein soziales Jahr im Altenheim absolviert und danach eine Ausbildung als Altenpflegerin begonnen. Sie war bereits vorab darüber informiert, dass das Jugendamt entsprechend der gesetzlichen Vorgaben 75 % ihres Ausbildungsgehaltes als Kostenbeitrag für die Hilfe zur Erziehung einfordern wird. Trotzdem hat sie mit 18 Jahren Hilfe für junge Volljährige beantragt. Sie hat auch nach Beendigung des Pflegeverhältnisses noch bei den Pflegeeltern gelebt. Jenny ist heute 25 Jahre alt. Sie lebt in ihrer eigenen kleinen Wohnung und arbeitet in der Altenpflege. Zu den Pflegeeltern hat sie nach wie vor engen Kontakt.

8.2 Vorzeitiges Ende – wenn die Dauerperspektive nicht mehr trägt

Dauerpflegeverhältnisse, so könnte man annehmen, enden mit dem Erreichen der Volljährigkeit oder der Verselbständigung des Pflegekindes. Diese Annahme hält der Realität leider nicht stand. Nach Auswertung der amtlichen Kinder- und Jugendhilfestatistik von 2016 enden 50 % der Pflegeverhältnisse vorzeitig (Van Santen, Pluto und Peucker, 2019). Besonders sensible Phasen für vorzeitige Abbrüche sind die ersten Jahre nach der Unterbringung bei der Pflegefamilie (wenn es zum Beispiel zu Rückführungen in die Herkunftsfamilie kommt) sowie die Altersspanne zwischen fünfzehn und achtzehn Jahren. Die Ursachen für die vorzeitige Beendigung von Pflegeverhältnissen gerade im Jugendalter sind vielfältig. Nach unserer Erfahrung spielt bei Pflegeeltern die Sorge, der Verantwortung für das anvertraute Pflegekind nicht mehr gerecht werden zu können, eine große Rolle. Grenzüberschreitendes Verhalten, Drogenkonsum, Delinquenz, Promiskuität (vor allem bei Mädchen) oder selbstverletzendes Verhalten bis hin zu Suizidalität können trotz professioneller Begleitung die Grenzen der Belastbarkeit für Pflegeeltern sprengen. Bei Jugendlichen werden unter Umständen Bindungsmuster aus der frühen Kindheit reaktiviert. Sie zweifeln die entstandenen Bindungen erneut an und suchen durch Provokation und Widerstand eine Bestätigung für ihr – berechtigtes – Misstrauen. Aus ihrer inneren Logik heraus scheint der selbst provozierte oder gewählte Abbruch leichter zu verkraften als die befürchtete »unverschuldete« Ablehnung oder Ausgrenzung. Wenn sich solche Entwicklungen abzeichnen und Beratung oder zusätzliche Hilfen nicht ausreichend greifen, ist eine andere Hilfeform für das Pflegekind womöglich besser geeignet als das Festhalten am Pflegeverhältnis. Die rechtzeitige Beendigung der Hilfe kann dann einen wesentlichen Beitrag dazu leisten, dass die soziale Elternschaft fortbesteht.

Formell ist ein Pflegeverhältnis zu beenden, wenn das Pflegekind nicht mehr in der Pflegefamilie lebt. In aller Regel wird dann für die Kinder und Jugendlichen – sofern eine Rückkehr zu den leiblichen Eltern weiterhin keine Option darstellt – eine andere stationäre Hilfe zur Erziehung gesucht – z. B. in einem Heim oder einer Wohngruppe. Die Zahlung des Pflegegeldes an die Pflegeeltern wird dann ebenfalls eingestellt. Das formelle Hilfeende bedeutet aber nicht zwangsläufig auch ein Ende der sozialen Elternschaft. Viele Pflegeeltern halten den Kontakt zu ihrem Pflegekind und sind bereit, sich weiter zu kümmern. Es liegt in solchen Fällen in der Verantwortung der Jugendämter, im Einvernehmen mit den leiblichen Eltern oder dem Vormund zu entscheiden, ob und wie die Pflegeeltern zum Wohl des Kindes in die weitere Entwicklung einbezogen werden können. Entstandene Bindungen und familiäre Bande in Pflegefamilien sind nach Beendigung des Zusammenlebens nicht mehr juristisch geregelt. § 1685 BGB sichert Pflegeeltern lediglich ein Umgangsrecht mit dem Pflegekind zu, sofern dieses dem Wohl des Kindes dient.

8.3 Care Leaver – vom Leben nach der Jugendhilfe

Frühe Vernachlässigung, belastende Erfahrungen oder desorganisierte Bindungsmuster lassen sich nicht einfach überschreiben. Im sicheren Umfeld der Pflegefamilie können diesen Erfahrungen aber andere Modelle zur Seite gestellt werden. Ehemalige Pflegekinder neigen möglicherweise in Stresssituationen immer wieder dazu, auf ihre alten, ursprünglichen Bewältigungsmuster, die von Selbstzweifeln und Destruktivität geprägt waren, zurückzugreifen. Und trotzdem gelingt es vielen auch nach solchen »Ehrenrunden in alten Mustern« wieder Zugang zu positiven Bindungserfahrungen und konstruktiven Bewältigungsstrategien zu finden.

Wie aber blicken erwachsene Pflegekinder auf ihr Leben in der Pflegefamilie zurück? Was zeichnet aus ihrer Sicht einen gelungenen Verlauf aus? Welche Faktoren können dazu beitragen, dass auch erwachsene Pflegekinder den Kontakt zur Pflegefamilie halten, dass sie sich der Familie weiterhin zugehörig fühlen und von dieser auch als zugehörig empfunden werden? Daniela Reimer ist diesen Fragen in biografischen Interviews mit erwachsenen Pflegekindern nachgegangen. Die Auswertung hat gezeigt, dass diese es rückblickend schätzen, wenn die Pflegefamilie Wert auf schulische Bildung und angemessenes Verhalten gelegt hat. Aus Sicht der ehemaligen Pflegekinder haben sie damit die Weichen für den Übergang in Ausbildung, Beruf und ein eigenständiges Leben gestellt. Ein weiterer bedeutsamer Aspekt ist die Erfahrung, von den Pflegeeltern realistisch gesehen worden zu sein. Mit allen Stärken und Schwächen und einer angemessenen, an die eigenen Möglichkeiten angepassten Forderung und Förderung. Besonderen Wert messen ehemalige Pflegekinder auch der Akzeptanz und dem realistischen Blick der Pflegefamilie auf Biografie und Herkunftsfamilie bei. Ein Blick, der die leibliche Familie weder idealisiert noch schlecht macht und sie in ihren Eigenarten anerkennt. Auch die Erinnerung an eine gute Balance aus Schutz, Sorge und Freiheit trägt wesentlich zu einem positiven Rückblick bei. Weitere wertvolle Erfahrungen sind für die Befragten außerdem das Erleben größtmöglicher Normalität trotz ihrer individuellen Geschichte sowie das Empfinden, um ihrer selbst willen Teil dieser Familie zu sein (Reimer, 2020).

9 Ausblick

Vielleicht ist es uns mit diesem Buch gelungen, einen kleinen Einblick in die »Abenteuerreise Pflegefamilie« zu gewähren. Möglicherweise haben wir zu viel von Herausforderungen und schwierigen Wegstrecken berichtet und dabei versäumt, den Blick gleichermaßen auf die wunderbaren gemeinsamen Erlebnisse zu lenken. Auf das Glück, Kinder auf ihrem Weg begleiten zu dürfen, die gemeinsame

Freude über kleine Fortschritte und Erfolge im Alltag, das gemeinsame Lachen, Leben und Feiern, auf all die Dinge, die den Alltag eben auch ausmachen. Unsere Hochachtung gilt allen, die sich mit uns oder anderen auf diese Reise begeben. Sie wird nie perfekt sein. Aber sie kann gelingen und gemeinsam können alle dazu beitragen, dass sie zu einem unvergleichlichen, lohnenden Abenteuer wird.

Am Ende

Literatur

Brisch, K. H., Hellbrügge, T. (Hrsg.) (2006). Kinder ohne Bindung (7. Aufl.). Stuttgart: Klett-Cotta.
Brisch, K.H. (2014). Safe – Sichere Ausbildung für Eltern (6. Aufl). Stuttgart: Klett-Cotta.
Brisch, K.H. (2018). Säuglings- und Kleinkindalter (4. Aufl.). Stuttgart: Klett-Cotta Verlag.
Brisch, K.H. (2019). Schwangerschaft und Geburt (3. Aufl.). Stuttgart: Klett-Cotta Verlag.
Grossmann, K., Grossmann, K. (2012). Bindung-das Gefüge psychischer Sicherheit (7. Aufl.). Stuttgart: Klett-Cotta Verlag.
Kindler, H. Helming, E. Maysen, T. Jurczyk, K. (Hrsg.) (2011). Handbuch Pflegekinderhilfe (2. Aufl.). München: Deutsches Jugendinstitut e. V.
Klinkhammer, Dr. M., Prinz, S. (Hrsg.) (2017). Handbuch Begleiteter Umgang. Pädagogische, psychologische und rechtliche Aspekte (3. Aufl.). Köln: Bundesanzeiger Verlag.
KVJS Kommunalverband für Jugend und Soziales Baden-Württemberg (2018). Was Pflegeeltern wissen sollten. https://www.kvjs.de/fileadmin/publikationen/ratgeber/KVJS-Ratgeber-Pflegeeltern-R-Barrierefrei_01.pdf (Zugriff am 26.05.2020).
Lattschar, B., Weimann, I. (2008). Mädchen und Jungen entdecken ihre Geschichte – Grundlagen und Praxis der Biografiearbeit (2. Aufl.). Weinheim und München: Juventa Verlag.
Meyer-Erben, C. (2013). Die Sehnsucht nach der Mutter und dem Vater – Hypnosystemische Ansätze für die Beratung von Pflegekindern und deren Leih-Eltern. Vortrag auf der 7. Kindertagung in Heidelberg, 31.10. – 03.11.2013. http://www.bewegendeloesungen.de/seminare.html (Zugriff am 25.05.2020).
Nienstedt, M., Westermann, A. (2008). Pflegekinder (2. Aufl.). Stuttgart: Klett-Cotta Verlag.
Kingsley, E. P. (1987). Willkommen in Holland. https://autismus-kultur.de/autismus/eltern/willkommen-in-holland.html (Zugriff am 25.05.2020).
PFAD Bundesverband der Pflege- und Adoptivfamilien e. V. (o. J.). Die Rechte von Pflegekindern. https://www.pfad-bv.de/index.php?option=com_content&view=article&id=330:pfad-brosch-die-rechte-von-pflegekindern&catid=13:aktuelles&Itemid=26 (Zugriff am 26.05.2020).
PFAD Bundesverband der Pflege- und Adoptiveltern e. V. (2019). Handout für Lehrerinnen und Lehrer. https://pfad-bv.de/dokumente/Blog/Handout%20f%C3%BCr%20Lehrkraefte.pdf (Zugriff am 06.08.2020).

Reimer, D. (2020). Was schätzen erwachsene Pflegekinder an ihrer Beziehung zu ihren Pflegeeltern? München: Fachtag Förderung positiver Bindungsbeziehungen in Pflegefamilien, DJI (Deutsches Jugendinstitut), 13.03.2020.

Schlippe von, A., Schweitzer, J. (2003). Lehrbuch der systemischen Therapie und Beratung. Göttingen: Vandenhoeck & Ruprecht.

Schlippe von, A., Schweitzer, J. (2009). Systemische Interventionen (2. Aufl.). Göttingen: Vandenhoeck & Ruprecht.

Sievers, B., Ehlke, C. (2018). Care Leaver – Selbstständig werden in und nach der Pflegekinderhilfe. Begleitung von Pflegekindern auf ihrem Weg ins Erwachsenenleben – strukturelle Herausforderungen und Ansätze guter Praxis. Vortrag auf der KVJS-Jahrestagung Pflegekinderhilfe am 05.06.2018 im Bernhäuser Forst. Unveröffentlichtes Manuskript.

Simon, F. B., Simon-Rech, C. (2007). Zirkuläres Fragen – systemische Therapie in Fallbeispielen: Ein Lehrbuch (7. Aufl.). Heidelberg: Carl-Auer-Systeme.

Van Santen, E., Pluto, L., Peucker, C. (Hrsg.) (2019). Pflegekinderhilfe – Situation und Perspektiven. Weinheim: Beltz Juventa.

Wedemann, G. (2017). Wo die wilden Kerle wohnen – Traumatisierte Kinder in der Jugendhilfe (S. 6–15). https://erziehungsbuero.de/wp-content/uploads/2019/05/2018.08.20_Puzzle_2017_gesamt.pdf (Zugriff am 10.06.2020).

Wiemann, I. (2008). Ratgeber Pflegekind (7. Aufl.). Rheinbek bei Hamburg: Rowohlt Taschenbuch Verlag.

Wiemann, I. (2009). Adoptiv- und Pflegekindern ein Zuhause geben (1. Aufl.). Bonn: Balance Buch + Medien Verlag GmbH & Co.KG.

Wiemann, I. (2017). Wie viel Wahrheit braucht mein Kind? (7. Aufl.). Rheinbek bei Hamburg: Rohwolt Taschenbuch Verlag.

Wiemann, I. (2012). Die Identitätsentwicklung von Adoptiv- und Pflegekindern. http://www.irmelawiemann.de/seiten/Vortraege.htm (Zugriff am 19.06.2020).

Wiemann, I., Lattschar, B. (2019). Schwierige Lebensthemen für Kinder in leicht verständliche Worte fassen. Weinheim: Beltz Juventa.

Rechtsgrundlagen

BGB (Bürgerliches Gesetzbuch). Umgang des Kindes mit anderen Bezugspersonen. https://www.gesetze-im-internet.de/bgb/__1685.html (Zugriff am 09.06.2020).

SGB VIII (Sozialgesetzbuch VIII). Kinder- und Jugendhilfe. https://www.gesetze-im-internet.de/sgb_8/__41.html (Zugriff am 09.06.2020).

Weitere Leseempfehlungen

Kinderbücher

Homeier, Sch. (2007). Sonnige Traurigtage (2. Aufl). Frankfurt a. M.: Mabuse- Verlag GmbH.

Homeier, Sch., Wiemann, I. (2017). Herzwurzeln (2. Aufl). Frankfurt a. M.: Mabuse-Verlag GmbH.

Korschunow, I. (2014). Der Findefuchs (37. Aufl.). München: Deutscher Taschenbuchverlag.

Nowell, B. (2017). Wer hat schon eine normale Familie? Heidelberg: Carl-Auer Verlag.

Sunuit, M., Naáma, G. (1991). Der Seelenvogel. Hamburg: Carlsen Verlag.

Tilly, C., Offermann, A. (2013). Mama Mia und das Schleuderprogramm (2. Aufl.). Köln: Balance Buch & Medien Verlag.

Links

Careleaver: https://www.careleaver.de

Kommunalverband für Jugend und Soziales Baden-Württemberg: https://www.kvjs.de

Die Autorinnen

Iris Söhngen, Diplom-Verwaltungswirtin (FH), Diplom-Sozialpädagogin (BA), Weiterbildungen in Systemischer Therapie und Beratung und in Systemischer Supervision und Mediation, arbeitet im Pflegekinderdienst und nebenberuflich als Supervisorin und systemische Beraterin. Zuvor war sie lange Jahre im Allgemeinen Sozialen Dienst und als Koordinatorin für Frühe Hilfen und Kinderschutz tätig.

Marion Drach, Diplom-Sozialpädagogin (FH), Weiterbildung in Systemischer Therapie und Beratung (SG), Weiterbildung in systemischer Kinder- und Jugendlichenpsychotherapie (hsi), arbeitet im Kinder- und Jugendamt der Stadt Heidelberg in der Vermittlung, Begleitung und Beratung von Pflege- und Adoptivkindern. Davor war sie lange Jahre in der Beratung und Begleitung von Jugendlichen in dem Arbeitsfeld Übergang Schule/Beruf tätig.

Vera Zech, Diplom-Pädagogin, systemische Beraterin (SG), systemische Therapeutin (hsi), begleitet und berät Pflege- und Adoptivfamilien beim Kinder- und Jugendamt Heidelberg.
Vor ihrer Tätigkeit als Fachkraft beim Pflegekinderdienst arbeitete sie in der sozialpädagogischen Familienhilfe und als Bezugsbetreuerin in einem Mutter-Kind-Haus. Sie war als Telefonberaterin beim Kinder- und Jugendtelefon »Nummer gegen Kummer e. V.« tätig und ist Elterntrainerin der AWO-Elternwerkstatt.